U0085824

孩子們喜歡而且一生難忘的好書。近年來筆者放下一切寫作，接下這份主編重任，並結合海內外有心兒童文學的作者共同為下一代效力，正是感動於劉董事長致力文化大業的真誠之心，更欣喜許多志同道合的朋友，能與我一起為孩子們寫書。

「世紀人物100」系列規劃出版一百位人物故事，中外各占五十人，包括了在歷史上有關文學、藝術、人文、政治與科學等各行各業有貢獻的人物故事，邀請國內外兒童文學領域專業的學者、作家同心協力編寫，費時多年，分梯次出版。在越來越多元化的世界中，每個人都有各自的才華與潛力，每個朝代也都有其可歌可泣的故事，但是在故事背後所具有的一個共同點，就是每個傳主在困苦中不屈不撓，令人難忘的經歷，這些經歷經由各作者用心博覽有關資料，再三推敲求證，再以文學之筆，寫出了有趣而感人的故事。

西諺有云：「世界因有各式各樣不同的人群，才更加多采多姿。」這套書就是以「人」的故事為主旨，不刻意美化傳主，以每一位傳主的生活經歷為主軸，深入描寫他們成長的環境、家庭教育與童年生活，深入探索是什麼因素造成了他們與眾不同？是什麼力量驅動了他們鍥而不捨的毅力？以日常生活中的小故事，來描繪出這些人物，為什麼能使夢想成真。為了引起小讀者的興趣，特別著重在各傳主的童年生活描述，希望能引起共鳴。尤其在閱讀這些作品時，能於心領神會中得到靈感。

和一般從外文翻譯出來的偉人傳記所不同的是，此套書的特色是，由熟悉兒童文學又關心教育的

作者用心收集資料，用有趣的故事，融入知識，並以文學之筆，深入淺出寫出適合小朋友與大朋友閱讀的人物傳記。在探討每位人物的內在心理因素之餘，也希望讀者從閱讀中，能激勵出個人內在的潛力和夢想。我相信每個孩子在年少時都會發呆做夢，在他們發呆和做夢的同時，書是他們最私密的好友，在閱讀中，沒有批判和譏諷，卻可隨書中的主人翁，海闊天空一起邀遊，或狂想或計畫，而成為心靈知交，不僅留下年少時，從閱讀中得到的神交良伴（一個回憶），如果能兩代共讀，讀後一起討論，綿綿相傳，留下共同回憶，何嘗不是一幅幸福的親子圖？

　　2006 年，我們升格成為祖字輩，有一位朋友提了滿滿兩袋的童書相送，一袋給新科父母，一袋給我們。老友是美國國家科學院院士，曾擔任過全美閱讀評估諮議委員，也是一位慈愛的好爺爺，深信閱讀對人生的重要。他很感性的說：「不要以為娃娃聽不懂故事，我的孫兒們一出生就聽我們唸故事書，長大後不僅愛讀書而且想像力豐富，尤其是文字表達能力特別強。」我完全同意，並欣然接受那兩袋最珍貴的禮物。

　　因為我們同樣都是愛讀書、也深得讀書之樂的人。

　　謹以此套「世紀人物 100」叢書送給所有愛讀書的孩子和家庭，以及我們的孫兒——石開文，他們都是世界上最幸福的孩子，因為從小有書為伴，與愛同行。

在每一個時代裡，世界上都曾出現過幾位劃時代的偉大人物。透過他們個人的人格、智慧，以及實際行動，往往扭轉了整個國家民族的命運，對社會人類產生了巨大深遠的影響，重寫了歷史。

從 19 世紀後半葉到 20 世紀前半葉這段期間，中國曾出現了國父孫中山先生。他領導中國人民推翻了專制腐敗的滿清，建立了民主共和的中華民國。他的作為整個的改變了中國人的命運軌跡，讓中國人從二千多年受壓制的封建社會牢籠裡走了出來，脫胎換骨，開始嶄新的民主自由的社會體制及生活形式。幾乎就在同一時期裡，印度也誕生了一位偉大的政治及精神領袖。他是印度人民的國父。那就是人人皆知的甘地先生。

這次我在「世紀人物 100」系列中，負責撰寫甘地的傳記，一半出於自己的選擇，一半出於主編的安排。開始找尋資料仔細研讀之後，我很慶幸我寫的是甘地，因為他實在是一位世間少有的偉大人物。他既是富有宗教情懷的仁者，又是社會改革者，以及政治家。在他的人格發展中，也有不少矛盾之處，然而這些矛盾反而使他更富有人性。他在言談之中，處處帶有幽默機智；他的思想敏銳，言辭犀利，對人又極富同情心，甚至對他的敵人也不例外，他是一個真正慈悲為懷的聖者。我對他知道得越多，也就由心底越加佩服他，

敬愛他，同時也越加了解為什麼印度民眾稱他為「偉大的靈魂甘地」了。每當我和外國朋友們提到要撰寫甘地傳記的時候，每一個人的反應都是一致的：總是「啊」的一聲，接著說，"Great!"（好極了）。顯然每個人對甘地都非常欣賞，非常敬佩。這令我覺得能有機會向年輕的朋友們介紹他，真是莫大的榮幸。

　　一般人都稱甘地為「瑪哈特馬甘地」。甘地是他的姓，瑪哈特馬是梵文，意思是偉大的靈魂。這個稱譽是由印度當時的諾貝爾獎得獎詩人泰戈爾首先提出的，後來又普遍為人引用。

　　甘地在世一共七十九年，他畢生領導印度人擺脫英國政府的殖民統治，使印度成為一個自主獨立的國家。他也致力於促進各教派及各階級之間人民的和平共存。他採用的手段與方法，從頭至尾始終是和平而又謙卑的。他徹底反對採取任何暴力的行動。他最著名的手段不外乎和平示威、絕食、挨打而不回手、抵制英貨，以及坐牢等等「以退為進」的消極抵抗。他從傳統印度教教義中吸取到「兼愛非攻」、「以德報怨」的處世哲學，並揉合了基督教裡忍辱 (turn the other cheek) 的教義，發展出一套前無古人的革命哲學與手段。一輩子裡他無數次被捕坐牢，無數次絕食抗議，幾乎瀕臨死亡，無數次忍痛挨打。他受屈忍辱之時，從沒發怒反抗過，始終堅持原則，默默承受著。但他絕不讓步，為達目的而努力到底。

他所領導的最著名的「撒地亞哥拉哈 (Satyagraha)」運動是最感人的一套革命行動。Satyagraha 的意思與「擇善固執，堅持到底」的意思很接近，這個運動在英文又稱之為「不合作運動」。從頭到尾，甘地貫徹始終的堅守非暴力原則。他一襲白棉布袍，足蹬自製涼鞋，一付苦行僧的模樣，深深的打動了世界各地的人心。「撒地亞哥拉哈」運動最後終於獲得勝利，逼得英國人交還了他們對印度殖民地的統治權。從 1947 年 8 月 15 日起，印度終於成為一個自主獨立的國家。

甘地領導的革命，沒有組織過一支軍隊，沒用過任何兵器，完全靠他們的精神力量擊退了敵人，達到了他們的政治目的。這種以非武力方式獲勝的事蹟，是歷史上空前的壯舉。但是甘地的影響還不止於印度本土，他提倡的非暴力運動，對後世的影響是無限深遠的。

甘地之所以偉大，正由於他兼有政治家和宗教家雙重的特質，這是他最難能可貴的地方。他是一位傑出的政治家，不是政客。政客的焦點往往放在權力勢力的鬥爭上；而一位偉大的政治家的關懷和視野，則是放在國家百姓的福祉與前途上；他也是慈悲的宗教家，凡事以愛為出發點。當你看了這本書，了解他的生平事蹟之後，你就會明白我為什麼這樣說了。

像甘地這樣既具有博大的宗教情懷，而

又兼具政治家的遠見及膽識的偉人，真是幾個世紀也難得出現一位的。他好比天際熠熠閃爍的一顆星辰。人們稱呼他為「偉大的靈魂」，實在是從心底發出的真摯的呼聲啊。

寫書的人

陳少聰

祖籍山東，生於貴州，成長於臺灣。東海大學外文系畢業後，負笈美國。先後攻讀西洋文學及社會工作學，取得愛荷華大學英國文學碩士及華盛頓大學社會工作學碩士學位。多年從事臨床心理治療工作；現居美國加州灣區。寫作屬業餘愛好，創作包括散文、短篇小說、遊記、評論文章等。作品有《水蓮》、《女伶》、《航向愛琴海》、《捕夢網》、《有一道河從中間流過》；譯著有《伯格曼與第七封印》等。曾獲《中國時報》散文評審獎及吳魯芹散文獎。

偉大的靈魂

目次

◆ *1* **甘地的時代** *2*
　　蒙兀兒帝國之興衰 *2*
　　英國的經濟侵略 *6*
　　印度變成了英國的殖民地 *8*
　　英國人在印度 *11*
　　印度本身的社會問題 *15*

◆ *2* **甘地的成長** *17*
　　童年與家庭 *17*
　　青少年時期的甘地 *23*

◆ *3* **在英國留學的日子** *35*
　　行前遇到的阻礙 *35*
　　初期的困惑 *37*
　　思想的啟發 *39*
　　學成歸國 *42*

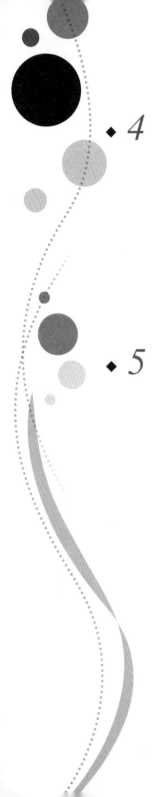

◆ 4　　**南非的經驗**　*44*

路上的遭遇　*44*

民族意識的覺醒　*49*

投入南非印度人的政治抗爭　*54*

波瓦戰爭　*55*

重返南非領導抗爭　*57*

在南非萌芽的不合作運動　*60*

創立自力農場　*66*

和平示威運動及最終勝利　*69*

◆ 5　　**在祖國引起的風暴**　*74*

初返祖國　*74*

阿美達巴罷工運動　*79*

棉布運動　*83*

「撒地亞哥拉哈」運動蔓延全國　*86*

阿木里查慘案　*91*

◆ *6* 甘地正式從政 *95*
加入國民會議派 *95*
受老百姓愛戴 *97*
反英活動擴大 *101*
一把鹽運動 *103*
牽羊上會堂 *112*

◆ *7* 四海之內皆兄弟 *116*

◆ *8* 邁向印度獨立 *123*

◆ *9* 印度獨立與族群分裂 *130*

◆ *10* 光，在我們眼前消失了 *138*

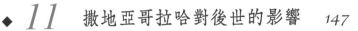

◆ *11* 撒地亞哥拉哈對後世的影響　*147*

「沙弗達亞」運動　*148*

「和平示威運動」的承繼　*149*

「和平部隊」組織　*151*

抱樹運動　*154*

世紀人物 100

甘地

1869～1948

1 甘地的時代

蒙兀兒帝國之興衰

印度是世界四大文明古國之一。它的歷史淵遠流長，繁複多變。印度這個國家是由許多不同的種族、宗教及文化組合而成的。它的演變經過很長的時間，有如一部史詩。

伊斯蘭教與印度教是印度文明裡的兩大流派。伊斯蘭教的勢力在北部；印度教的勢力在南部。這兩大派別的教徒常發生衝突、互相殺戮，他們彼此之間的鬥爭不斷造成印度國內的分化與破裂；而這兩大宗教信仰的文明，也豐富了印度整體上的文化內涵。

在16世紀時，伊斯蘭教勢力中出現了幾位英明的領袖，最後

由蒙兀兒王朝統一了印度南北，王朝的始祖巴布爾是成吉思汗和帖木兒的後裔，他的孫子阿克巴在位四十九年，是位雄才大略的君主，在他的統御下，印度的版圖擴張了，國家的基礎建立了起來。

他的孫子沙賈罕就是建造了聞名世界的泰姬瑪哈陵墓的君主。王位傳到沙賈罕的兒子奧侖基手中之後，因為連年徵收重稅，擴充軍隊，使得老百姓疲憊不堪，同時他對待印度教教徒的態度有欠公平之處，也引起部分百姓的怨憤，騷動四起。

到了18世紀初年，強盛了兩百年的蒙兀兒帝國終於逐漸衰微了。

蒙兀兒帝國的國勢一旦衰微了，其他早已在印度的外國勢力便乘虛而入，擴展各自的勢力和利益。

　　從 16 世紀開始，許多西歐國家——荷蘭、葡萄牙、西班牙、法國和英國，都開始向世界其他幾個大洋洲伸展他們的勢力。

　　最初在印度開始做貿易的是葡萄牙人。早在 1510 年，他們就在印度西岸設立了第一個基督教殖民地果亞，後來他們在印度的勢力轉移到荷蘭人手裡，到了 18 世紀中葉，又漸漸被英國勢力所取代。

　　統治印度半島的蒙兀兒帝國此時已經是強弩之末。他們前後二百多年的歷史裡，出現過好幾位英明、有野心的君主，東征西討的結果，征服了多數印度北部和中部的小國。但是到了 18 世紀初期，蒙兀兒王朝漸漸衰微了，外國的勢力因此有機會逐漸擴張。

　　17 世紀初，英國已經從蒙兀兒王朝手裡取得了在南亞的貿易

權，並且在印度成立大英東印度公司，專門買賣香料、絲綢、煙草、茶葉等物品。他們也派駐軍隊到印度，以便保護他們在印度的權益和職員。

1738年波斯的納迪爾沙王又率軍攻進蒙兀兒的首都德里，屠城之後，劫掠了無數金銀珠寶，揚長而去。本來已經衰微的帝國，從此更是一蹶不振。

整個印度半島這時已經分裂成七零八落的無數小國，各自為政。游擊部族到處搶掠，造成更大的混亂。在北方，錫克族人也組成一個強而有力的郡國，擁有喀什米爾和阿富汗的土地。

此時的蒙兀兒帝國已成了強弩之末，雖然蒙兀兒皇族名義上仍為印度的皇帝，直到1857年英國將印度收歸轄治為止，然而在最後的一百年裡，蒙兀兒帝國早已是名存實亡了。

英國的經濟侵略

最初，歐洲人在印度的主要目的只不過是做生意，印度本地人也並不把歐洲商人當一回事。那時誰也沒料到後來英國會在印度歷史上扮演這麼重要的角色。到了 18 世紀中葉，大英東印度公司在幾個重要大城已擁有龐大的產業，城內有專門屬於白人的城區，稱為「白城」，居住的全是清一色白人 —— 東印度公司的員工、駐軍和商人。當然，相對的就有「黑城」，那是有色人種（印度人）居住的地方。

1760 年是很重要的一年。這一年裡英國軍隊在印度南方戰勝了法國軍，結束了多年來爭權奪利的對立局面，從此英國在印度掌握了絕對的霸權。1760 年到 1860 年之間的一百年裡，隨著工業革命帶來的影響，不但改變了

歐洲社會體制，連隔著大海洋的亞洲國家，也隨之產生了莫大的變化。無論在經濟方面、政治方面或生活形態上，都開始有了轉變。

隨著機器的發明，成品的產量及速度都大幅增長，英國越來越多的商品必須有銷售市場，同時工廠大量生產製造的結果，也需要不斷的原料供應，才能維持，諸如棉花、羊毛、麻、麥子、咖啡等等。因此大英帝國在亞洲殖民地的政策也就隨著需求而改變了。

為了供應更多的原料給英國，印度本身原有的紡織業反而停頓下來了。英國的紡織品有四分之一是銷到印度的，這樣一來，更削弱了印度紡織業的成長率。大批的農民湧進都市，變成工廠裡的工人，專門生產英國商品所需的原料。漸漸的各種工業

社會裡連帶發生的環境生態問題及勞資糾紛等社會弊病也跟著來了。

機器的發明，本來是文明進步的表徵，但是如果沒有良好公平的經濟政策，科技的發展也有可能成為少數資本家謀利的工具，而勞工階級反而變成被剝削的大眾了。在印度殖民地上，這個現象更為明顯。

印度的勞苦百姓拚了命為英國資本家生產原料，資本家拿了印度出產的原料回國去加工製造，再將由機器大量製作的成品運回印度，高價賣給百姓，形成嚴重的經濟剝削。這也是甘地日後改革運動中很顯著的改革目標之一。

印度變成了英國的殖民地

不知不覺間，印度逐漸成了英國的附庸。經濟上處處受英國

的牽制，完全喪失了自主權。上億的農民等於作了英國人的奴工，受到嚴重的剝削。從17世紀初到1947年印度獨立為止，印度人在自己國家的土地上，作了大英帝國的次等公民，達二百多年之久。

印度成為英國全球殖民地裡最閃亮的明珠，因為印度除了地大物博、工資低廉之外，文化上最富有神祕氣氛，又最有異國情調。印度成為英國人遊歷探險獵奇的天堂，有說不完的天方夜譚式的故事。

19世紀中葉，印度北部的軍隊曾企圖叛變，差點就把英國人趕了出去。但是最後還是被英國派軍隊制服了。這次叛變使英國政府覺察到不能讓印度僅僅由一個大英東印度公司管轄。在1858年英國維多利亞女皇將印度由大英東印度公司手裡收歸皇家轄

治，於是印度正式成為大英帝國的殖民地。 1877 年起英國正式宣布維多利亞同時為印度的女皇。

經歷了印度軍隊叛變之後，英國人提高了警覺，從前大英東印度公司的軍隊大多是受過英國人訓練的印度兵，曾打敗過北方的錫克軍隊，是很精銳的部隊。

1857 年之後，英國加強了英兵的人數。同時英國政府也學到教訓，從此擬下新的政策，不去干預印度人的風俗習慣和宗教，並且不去干涉各個小王國的內政問題。＊

英國人在印度

英國人統治印度的期間，在

放大鏡

＊當時印度共有 542 個大小不同的小國，它們總共占印度面積的百分之四十。這些小王國的領袖，在西方稱為大君 (Maharaja)，在歐洲人眼裡，他們充滿了神奇的色彩，而且個個都極其富有。

促成印度現代化、工業化方面，也有過不少建樹，當然，主要還是為他們自己的利益打算。在英國的領導下，印度建了四萬公里長的鐵路，訓練了一支強大的軍隊，又開設了水利灌溉工程。他們還制定了印度公務任職的選用制度，選出印度及英國人中的佼佼者，來擔任政府的行政工作。不過最高階層的政務官裡幾乎沒有印度人。

英國幫助印度建立了一套電報與電話通訊的系統，大大的促進了地方與地方之間工商的訊息交流，也為老百姓的生活帶來許多方便。運輸現代化的設施也間接的促長了小國與小國之間的聯繫，為未來印度的統一作了鋪路的工作。

英國人在印度還作了一件教很多老百姓感激的事：即在印度創設了一套救濟災荒的機制，於

1899 年大旱時使上百萬的災民不至於死亡。

不過，基本上英國人還是以統治者的態度對待印度人，視後者為殖民地子民。譬如說吧，印度人裡面有不少具法律專業訓練的人，有的是優秀高明的法官和律師，但是如果英國人在印度犯了法，卻絕對不允許印度法官來審理。這也顯示出英國人的種族歧視和優越感。其實本書的主角甘地先生、印度獨立後的第一任總理尼赫魯，以及巴基斯坦第一位總理基納他們幾位，都是在英國拿到學位的一流律師。

到了 19 世紀，英國人對待印度人帶著強烈的種族優越感的態度越來越明顯。英國人以為自己是將和平、正義、秩序、財富帶給落後民族的使者。他們的責任是代表帝國來治理這些次等民族。這種心態在許多文學作品裡

也反映出來了，尤其是在吉普林*的作品裡，在在透出這種帝國主義*者優越的口吻：

肩負起白種人的重擔來吧
承負受惠者的怨言
以及你曾護衛過的人們的仇恨
……

作者一副帝國主義者的自大心理，在這裡表露無遺。

放大鏡

*吉普林　出生於印度龐貝，在英國受教育，十歲時回到印度，寫過很多有關英國人在印度的生活，最著名的《莽林之書》(Jungle Book) 到現在還很流行。

另有一部 E. M Foster 寫的小說叫《印度之路》(A Passage to India) 刻畫了英國人與印度人之間微妙複雜的關係，小說寫得細膩入微，曾拍成電影，還得過奧斯卡年度最佳影片獎。

*帝國主義　所謂帝國主義指的是不斷擴張自己對外勢力的強國們的作風，為鞏固自己的國勢與成全自身的經濟利益，他們常將弱勢的國家視為附庸來加以控制，或在經濟方面進行剝削，比如 19 世紀時英國在印度和非洲所實施的殖民政策便是一例。英國當時利用印度廉價的勞力來生產大量的農產品及其他原料，然後再把加工製作以後的成品高價賣給印度人。有很多人認為現在美國在南美及中東所持的霸權作風，也顯示出頗為濃厚的帝國主義色彩。

印度本身的社會問題

印度在甘地的時期（1869～1948 年）約有三億五千萬人，是英國人口的十倍，占當時全世界人口的五分之一，和中國在 19 世紀時的人口總數相當；而印度的總面積卻比中國小得多。由於極度的貧窮和擁擠，衛生環境惡劣不堪。疾病與營養不良的結果，當時一半的印度人都活不到三十歲。

印度是一個有五千年歷史的文明古國。他們在哲學、宗教、藝術、數理各方面成就輝煌。可惜他們受世襲階級制度的限制，教育無法普及，貧富異常不均，造成社會上人與人之間極不公平的現象，阻礙了社會的進步與發展。因此他們近代的發展便緩慢下來，遠遠落在西方國家後面了。很多印度人雖然天資聰明，卻沒有受教育的機會，能力才華

無法發揮，造成整個社會的損失。甘地的時代裡，女人絕大多數都是文盲，包括甘地的母親和妻子在內。

印度另一個問題是他們有許多容易造成分裂的因素：印度境內有印度教徒、伊斯蘭教徒、佛教徒、拜火教徒、錫克教徒，以及基督教徒等等。方言又有上百種之多。他們大多數人是印度教教徒，傳統上傾向謙卑，人生態度比較消極，往往使他們成為積極重利的西方人剝削榨取的對象。印度人的命運和清朝末年中國人在西方列強侵略之下的命運，有很多相似的地方。

2 甘地的成長

童年與家庭

甘地於 1869 年 10 月 2 日出生在印度西海岸的波班達王國。他的曾祖父和祖父曾擔任小王國的首相。甘地的父親卡蘭姆繼承父志，也成為首相。他的前三任妻子都不幸先後去世。第四任妻子生了一女三男，最小的兒子就是甘地（全名默罕達·甘地）。

甘地家族屬於印度社會世襲階級裡的第三種階級「吠舍」＊。

放大鏡

＊印度社會共分為四個世襲階級：四個階級中最高的是婆羅門，即僧侶階級；第二是剎帝利，即軍人和行政官員；第三是吠舍，指的是地主和商人。甘地的祖先是從商的，到了他的曾祖父才當起官來。因為階級是根據世襲制度而定的，所以甘地的家族雖然做了首相，基本的階級仍屬於第三種。最低的第四個階級是首陀羅，指的是當工匠的奴隸階級，屬於這個階級的人最多。不同階級的人不能通婚，也不能同桌吃飯。除了四個階級之外，還有所謂的「賤民」，原文稱他們為「不可碰觸之人」。

　　甘地的父親是一位正直不阿又勇敢的人。有一次，英國政府派遣來的官吏當著他們的面輕蔑的說：「波班達的國王是個懦夫，腐敗無能。」甘地的父親聽了非常生氣，別的大臣都不敢吭氣，只有他父親挺身而出，對英國官吏說：「你沒有權力毀謗我們的國王，你應當道歉！」那個英國人不但不道歉，還強迫甘地的父親向他賠罪，甘地的父親當然拒絕了。結果他竟然被英國人綁在樹上。百姓十分震怒，聚集起來，要求釋放他們的首相，英國官吏怕事情鬧大了不好收拾，才把他釋放了。

　　僅僅從這一事件上也可以看出，當時英國統治者在印度是多麼霸道無理，而印度人是多麼受屈辱了。

　　甘地的父親雖然做了多年的官，但是他很清廉，家裡沒什麼

財產。父親的正直以及對法律的認識，對甘地人格的塑造，產生很大的影響。

甘地的母親是個非常虔誠的印度教徒，每天都會到寺院膜拜，她的性格溫柔慈祥。每當雨季來臨時，教徒們都要禁食，祈禱陽光重現。有一年甘地的母親發誓說：「太陽如果不出來，我就絕不吃飯。」結果一連四五天都沒出太陽。她認為這是神的旨意，便平心靜氣的忍耐著飢餓。

母親的禁食舉動給甘地留下深刻的印象。後來甘地一再以絕食來作為社會改革的手段，大概是小時候受到母親禁食的啟發吧。

甘地小時候有點害羞，個子瘦瘦小小的，笑起來很甜，少了個大門牙。因為他是小兒子，家裡的人都很寵愛他。小時候他幾乎沒有什麼朋友，上小學時功課

也不怎麼好，連九九乘法表也背不完全。其他方面也沒什麼出眾的表現。那時候認識他的師長和同學，絕對沒有人想到他將來會成為一個這樣不凡的偉大人物。

美國當代著名的心理學家愛瑞克森為了深入研究甘地，在20世紀60年代裡曾特地到印度去作實地採訪。他發現甘地其實從小就有某些與眾不同的特質，譬如他對父母有種深摯的溫情。父母生病時，他小小年紀便不怕煩勞，盡心侍奉父母，好比一個專業護士。

愛瑞克森覺得甘地性格裡有種天生的母性。後來甘地在南非曾一度組織義務護士隊去救助英國傷兵。許多接觸過甘地的人都說甘地好像一個母親。還說，當一個人面對甘地時，都會自然而然的誠實起來。

愛瑞克森還提到甘地從小便

有種恬淡的幽默感。他愛惹人笑，尤其喜歡逗他母親發笑。家裡的大人也特別喜歡逗弄他。甘地和母親特別親密。甘地自己的自傳裡也曾說過：「孩子們玩遊戲對我來說，遠不如侍候我母親來得有意思。她每次叫我，我一定撇下一切，跑到她跟前去」。

母親虔誠信奉印度教內的耆那教派。這是西元前300年建立的一支古老的教派。它與佛教教義十分相近，反對任何暴力，主張不殺生。他們的僧侶在甘地的父親生病時，常來家中造訪。這種種細節，對甘地本人日後的信仰都起了長遠的影響。

他誠實正直而堅毅的個性很早就顯示出來了。有一次，一個英國派來的督學要到學校視察。為了有好表現，全班的同學都抄來抄去，個個得了滿分。甚至連老師也暗示甘地這樣做，這樣一

來，如果全班都得滿分的話，老師便可以向督學邀功，受到表揚。但是甘地怎麼也不肯作弊，結果成績自然不如別人，可是他一點也不後悔。他這種堅持原則的品德，終生保持著。有時候甚至教人覺得他頑固得不可理喻。

青少年時期的甘地

甘地七歲的時候，他們家從波班達搬到拉吉科城。這個城比較大，英國人也多得多。在這城裡，更顯出英國人與印度人之間地位的不平等了。

在這裡英國人和印度人的住宅區是分開來的。印度人也同樣繳稅，但是英國政府收去的稅金從來不會用來建設印度人住的市區。印度人住的區域連水管和疏導污水的下水道都沒有，衛生狀況便可想而知了。英國人很注重外表，常常因為印度服飾與他們

不同而鄙視印度人。碰到說英語帶有稍重印度口音的人時，他們也會露出一副不屑的神情，常常加重了印度人的自卑感。

這種種不平等待遇，少年甘地當然都看在眼裡。不過成年後甘地對英國人並沒有因此存有仇恨的心理。他心底始終懷抱著博大的宗教情懷和人道主義思想。他相信眾生平等，錯不在個人，而在制度和律法。

甘地十三歲那年，家裡為他娶了門媳婦──與他同年的卡絲特巴。在印度社會裡，童婚很普遍，婚姻全都是由父母家人選擇安排的。他的兩個哥哥也在同一天舉行婚禮。甘地自己事先根本不知道，原來在這以前他曾有過兩個未婚妻，都是父母安排的，但是她們都先後夭折了。

卡絲特巴的家庭是當地的商家，與甘地家屬同一階級。卡絲

特巴外型秀麗靈活，也很有自己的個性，對甘地並非百依百順，所以這一對童男童女年輕時也常常吵吵鬧鬧，但感情一直很好。他們終生相守，夫唱婦隨，直到六十二年之後卡絲特巴在獄中去世。

十三歲的甘地，心智和生理雙方面都還不成熟，便當起別人的「丈夫」來了，實在勝任不起。經濟方面他還完全要依靠父母，在學校才剛開始念初中，他的功課本來就不算好，結婚之後，更無法專心念書。

十三歲的男孩子對「性」的好奇心自然是很強的，有時不免會為此分神，學業也因此大受影響。他的功課開始退步，終於留了級。兩個和他同時結婚的哥哥也因為同一道理念不好書，甚至不得不輟學，連中學都沒念完。甘地苦撐下去，總算把中學念完

了，後來居然還有機會出國留學，可說是很僥倖的。

甘地的父親在甘地結婚那天從外地趕回家來參加婚典，馬車卻在途中不幸翻了車，使得他受了重傷。不過他還是強忍著痛苦，出席了婚典。當他一身裹著繃帶出現在眾人面前時，使甘地大吃一驚。如前文所說到的，甘地從小性格裡便帶有濃厚的母性，父母親生病時，他向來很懂得照顧，經常在旁服侍。

但是新婚期間甘地一方面要適應新婚的種種情況，又要適應與妻子之間的關係，一面還要念書，又要幫忙照顧受傷的父親，弄得手忙腳亂，讓他覺得什麼也沒做好，一無是處，心裡的壓力很大。

雖然甘地和卡絲特巴恩愛終生，但是甘地認為印度童婚的習俗是不智的，他覺得因為童婚之

故，使很多有潛能的印度青年在才智上未能獲得充分發展，許多英才因此都喪失了。

在甘地成長過程中，有一個人曾對他發生過負面的影響。這個年輕人的名字叫瑪他巴，是個伊斯蘭教徒，長得又高又壯，性格非常外向好動，膽大妄為，和甘地的性格正好形成對比。

瑪他巴又抽煙又喝酒，也會帶甘地一起抽煙，甚至一同上酒家。甘地的家人都反對甘地和他交往，可是他們越反對，甘地反而越想與他交往，這大概是人性吧，尤其在青少年成長期裡，人的叛逆心特別強烈。

這段友情，甘地事後反省起來，心裡相當懊喪反悔，覺得毫無正面的價值可言。好在他很早便覺醒了，才沒有浪擲掉太多光陰。由他的例子看來，我們可以說，偉大的人物並不完全是天生

的，往往都需要經過一段曲折的成長期，以及良好的外在環境，才能茁壯成長。

瑪他巴是個伊斯蘭教徒，所以吃葷是很平常的事，而甘地從小是虔誠的耆那派印度教徒，嚴禁吃肉，是絕對的素食者。

瑪他巴卻對甘地說：「你看那些英國佬，個個都那麼強壯，咱們印度人，個個這麼瘦弱，這都是因為他們吃肉的緣故。」

他還說：「你看我這麼有力氣，運動賽跑樣樣拿第一，就是因為我吃肉的關係。」接著，他哼起一首歌來：「看呀，又強又壯的英國佬，正在欺侮弱小的印度人喔……」

經他一再的勸誘，甘地終於動搖了。他開始偷偷的吃起羊肉來。心裡以為這樣做是為了愛國，為了使印度強壯起來。甘地偷偷的吃了一年肉，但是內心一

直覺得罪過，覺得對不起父母親。他們一家向來都嚴守不吃肉、不殺生的戒律。他最後覺得不能再繼續欺瞞父母親了，於是下定決心把吃肉的習慣戒了。此後終生再也沒破過戒。

在吃肉期間他還染上抽煙的習慣。但是他沒有錢買煙，也不覺得香煙的味道有那麼好聞，但是少不更事的他覺得背著大人吞雲吐霧之舉好像很刺激。於是他和同伙甚至不惜到僕人的房間裡去偷錢來買煙抽。

十五歲那年他還做了一件教他後來深深悔恨的事：他曾偷過二哥的錢而沒被發現，但是卻受到自己良心的譴責。在內心積壓了好久之後，他下決心要向父親坦白認罪。

那時他父親宿疾復發，正臥病在床。甘地把懺悔的自白書戰戰兢兢的交給父親。父親看完之

後，沒有責罵他，也沒有處罰他，只是默默的流眼淚。父親那副沉重難過的表情和無言的眼淚教甘地終生難忘。甘地想到印度教的一首聖歌：

被愛的箭射過的人，

才能領會愛的力量多麼偉大。

……

父親在甘地十六歲那年過世了。之前的幾個月裡甘地一直很盡心的幫母親看護父親。然而，在父親死去的那刻，他正巧不在父親身邊，而與妻子卡絲特巴在一起。為此，甘地始終不能原諒他自己，並把這件事當作終生的遺憾。

父親的愛與寬恕永久鐫刻在甘地的心田裡，並且也使他徹底的醒悟了。他深刻的體會到「愛的力量多麼偉大」。從此他下定決心做個光明磊落、堂堂正正的

人。甘地對父母的愛,以及父母給予他的愛,都是刻骨銘心的大愛,對甘地在人格的塑造上,無形中產生了潛移默化的影響。

在中學最後一兩年裡,甘地的課業開始大有進步,並且學會了梵文,使他能閱讀印度的聖書寶典,如《羅摩衍那》*和《摩訶婆羅達》*史詩。這兩本作品包含豐富的印度傳統宗教思想、宇宙觀、反戰思想、家庭倫常等等,而且又是優美的文學作品。

不過對甘地影響最深的,卻是印度教的聖詩《薄伽梵歌》*

放大鏡

*《羅摩衍那》 (Ramayana) 這部史詩記載的是羅摩王子受繼母陷害,歷經了十四年的艱苦患難,最後終於救出忠貞的妻子席塔,奪回了王位的英勇故事。

*《摩訶婆羅達》 (Mahabharata) 描寫發生於西元前 12 世紀的英雄史詩,也是宗教戲劇劇本。兩千年來印度的年輕子弟都必須讀它。

*《薄伽梵歌》 (Bhagavad-Gita) 是以妙毘天 (Krishna) 和阿陽達王子的對話方式寫的,是一部印度教思想的經典。文詞優美,思想崇高,在印度古籍寶典中具有極重要的地位,有如《聖經》之於基督教徒。從中甘地了解到愛與憐憫的力量。

了。他從裡面學到了深遠的哲理，堅持真理的重要性，以及愛的力量。

甘地在後來的文章裡，常提起《薄伽梵歌》。他後來常說學會梵文對他益處無窮，他為此很感激梵文老師的鼓勵。

另外印度西南方有一首古老的勸善歌，對他的影響也很大。它的內容主要是「感恩圖報」的思想。其中的幾句是這樣的：

別人賜你一杯水，你應償還他豐盛的菜餚；別人救你一命，你當以性命相報……。

這種慈悲胸懷與報恩的思想，與他日後的政治理念與作風息息相關。

3

在英國留學的日子

行前遇到的阻礙

十八歲時甘地進沙瑪達斯大學念了一學期，甘地聽不太懂教授的方言，自己覺得程度不如城裡的人，正覺得氣餒。親戚中一位老人家勸他去英國學法律，將來好繼承父職當一名首相。

最初甘地並不想學法律，但是對留學卻十分感興趣。他想學醫，將來好幫助人解除痛苦。母親卻提醒他說：「你父親的意思，是希望你將來成為法律專家，替世人伸張正義。」接著又說：「記得你父親生前常說，印度教教徒絕不能做解剖身體的工作，你忘了嗎？」

甘地思索母親所說的話，覺得很有道理，便決定到英國去學

法律，將來好為受欺壓的老百姓主持公道。

此外，家人還有其他的顧慮。他們聽說有些印度青年到外國後都變壞了，他們怕甘地也經不起誘惑。後來甘地在家人和神明面前發了誓：出國後絕不破戒吃肉或喝酒，也不近女色。最後家人終於同意讓甘地出國留學了。

然而，一波未息，一波又起，他所屬的吠舍階級裡的長老告訴他說，他們開會討論過他出國的問題。依照教規，印度教教徒不可到外國去。雖然甘地一再發誓，絕對會遵守戒律，仍無法說服長老們。最後他們決定，如果甘地一定要出國，他們就要把他驅逐出吠舍階級。

這是一個很嚴厲的懲罰。這樣一來，以後就沒人敢和他交往了。甘地跑去和大哥商量，大哥

鼓勵他不要害怕，叫他堅定意志，去英國深造。

初期的困惑

1888 年 9 月，甘地在孟買搭乘汽船前往英國。一個月後他抵達了倫敦。吃住的問題，經朋友託人安排，很快就解決了。但是為了衣著的問題，卻大傷腦筋。

為了適應英國社會，甘地不得不盡力將自己打扮得像個英國紳士。他訂做了一套西裝，買了頂高高的西服帽子。然後他把大哥送他的金鍊懷錶佩帶在身上，並且打起了新領帶。

甘地在自傳裡寫道，為了打領帶梳頭髮，不得不天天照鏡子。但怎麼看，也不覺得自己像個紳士。他的朋友還告訴他說：「一個堂堂的紳士，必須會跳交際舞，還必須具有滔滔雄辯的口才，而且還要精通法語。」

　　為了要當一名堂堂的紳士，甘地只好去學法語，並花了三個月的時間去學交際舞。他還買了一把小提琴，聘請了一位教琴的老師，除此之外，又去拜了一名擅長辯論的人作老師。

　　過了不久，甘地終於醒悟了，他覺得自己這種種可笑的舉止，根本是荒謬的行為，都太不實際了。他提醒自己：我是一個學生，出國的目的是為了讀書，吸取新知識，只要尋求豐富的學問，具有紳士的氣質就好了。何必一定要講究外表和形式呢？

　　想通了以後，他便決心放棄那些沒有意義的裝扮，於是心情又恢復平靜，真正開始過他的留學生生活了。

　　他搬到一個租金較為便宜的住處，每天走十幾公里去上學，把車費省了下來。生活上了軌道之後，他更能專心讀書，課業方

面進步很快。這三年，他在學問上打下了很深厚的基礎。為了考到律師執照，他還通過了拉丁文和法文考試。

思想的啟發

在留學的這三年裡，他又重讀了印度的偉大史詩《薄伽梵歌》。他最喜愛的是第二章裡的一段：

華麗的衣服，美味的酒菜，
引起世人無饜的慾望。
為滿足物質的需求，
誠正的心枯萎了。
高尚的理想，溫柔的愛情；
甚至可貴的生命，
也一一一拋棄了……

這段話對他產生了永恆的影響力。以後甘地本人的行為舉止始終奉行了儉省淨心的準則，處處都表現出一個禁慾主義者的典

範。他在後半生裡，每天只穿簡單的粗棉布衣和涼鞋，肩上掛一個粗布袋。天冷時他頂多加披一塊白布披肩，帽子都不戴，一副徹底的苦行僧模樣。英國官員有時在背後稱他為「那個半裸的印度佬」。

在英國求學的三年裡，他也接觸過基督教。在朋友的介紹下，他讀了《聖經》。他對《舊約》不大能接受，但是讀到《新約》裡〈馬太福音〉所記載的「登山寶訓」時，卻非常感動。在「登山寶訓」裡有一段記載耶穌說：

你們聽見有話說：「以眼還眼，以牙還牙。」只是我告訴你們，不要與惡人作對；有人打你的右臉，連左臉也轉過來任由他打。有人想要告你，要拿你裡衣，連外衣也由他拿去。有人強逼你走一里路，你就同他走

二里。有求你的，就給他；有向你借貸的，不可推辭。你們聽見有話說：「應該要愛你的鄰舍，恨你的仇敵。」只是我告訴你們，要愛你們的仇敵；為那逼迫你們的人禱告。

（〈馬太福音〉第五章 38～44 節）

這段話的內容，和印度教以及甘地小時候熟悉的勸善歌非常接近。甘地後來的道德思想和行為，便是結合了基督教和印度教教義衍發而成的。

在這期間他也讀過伊斯蘭教的《可蘭經》和《偉大的預言者》，對伊斯蘭教始祖穆罕默德的英勇和律己精神，也有了基本的認識。

他在英國前後接觸過不少人品高尚的知識分子。他們引導他看了好些有意義的書，幫助他擴大了他的視野，同時也加深了他

對自己祖國歷史文化的認識與了解。

學成歸國

在英國甘地度過了三年留學生涯。1891 年 6 月他終於完成了學業，乘船回到印度。才下船便得知母親早已病故的噩耗。家人因為怕影響他的學業，所以對於母親病重，以至病故的事，已經瞞了他好一陣子了。

他的母親正如那個時代其他一般的印度婦女，是不識字的，所以凡是家鄉的訊息都是由家裡的男子執筆。因此，要想隱瞞真相，不是難事。

母親的死，給他的打擊很大。三年以來他天天都在期盼自己早日學成回國，好讓母親覺得光榮，覺得高興。怎會料到母親就這樣與他天人永隔了呢？

母親的早逝，在甘地的生命

裡留下了永恆的遺憾。母親慈祥溫柔的性格和博愛的胸懷，給甘地留下了深遠的影響。甘地不知不覺的受到母親這種優良品性的浸染，甚至連他日後的政治理念也是從「博愛」出發的。

他初回國的頭一年，先在拉吉科開設了一間律師事務所。開始時，事業上很不順利，畢竟他年紀輕，入世不深，還沒認清英國官僚的勢利和歧視態度。等到他與英國駐印官員有了接觸之後，他才對被殖民的祖國有了更深一層的認識。

南非的經驗

路上的遭遇

回國就業過了一年多之後，恰好有一個難得的機會，讓他可以到南非去處理一場官司訴訟，期限一年，薪水是五百英鎊，聘請他的公司負責一切住宿伙食等費用。這正好給甘地一個機會，擺脫在拉吉科的不愉快環境，他的心情因此特別輕鬆，便高高興興的搭船到了南非的德爾班港。*

放大鏡

*在 16、17 世紀非洲南端的新航線已經開發了。荷蘭人首先在此地建立了殖民地。南非一帶的原住民是班圖族的黑人。後來荷蘭人與當地土著通婚所生的混血兒便是波瓦人。不久之後，南非發現了金礦和鑽石，立刻引起英國人的注意，並開始在波瓦人與土著之間製造是非糾紛，挑撥他們互相攻擊，等到他們兩敗俱傷之後，英國人乘虛而入，把南非據為自己的殖民地。一旦土著的力量削弱了，勞動力便嚴重缺乏。為了開礦，英國人從印度引進大批工人。當甘地初到南非時，南非已有二十萬印度人。

　　初到南非，甘地便看出在南非的英國人對印度人的歧視十分明顯。他本人便親身領教過無數次。在德爾班暫時逗留期間，他的朋友介紹他到法庭的旁聽席去觀摩，但是英國法官卻走到他面前，強迫他把印度頭巾拿掉。在印度的習慣裡，不論什麼場合都必須戴頭巾。要他去掉頭巾，他認為是奇恥大辱，自然不肯，最後索性離開法庭。

　　這個小插曲，不過是他南非經驗的第一回合而已。為了這件事，他曾在當地的報紙上投書控訴。甘地在他的自傳裡幽默的說，這封投書發表以後，無形中產生了宣傳作用，給他提高了知名度。

　　接著他便從德爾班到他工作的目的地普勒多力亞去辦理訴訟問題。路上需要先乘火車，再換馬車，一共四天的路程。他買的

是一等票座位，但一個白人乘客和幾個站務員卻走過來，惡狠狠的逼他換到三等貨車廂去。他覺得莫名其妙，便把車票拿給他們看，並說：「我買頭等車票進來的。」

但是站務員的態度惡劣，大聲對他吼著：「不管什麼車票，告訴你，印度人只能坐貨車。」

爭執了半天之後，甘地倔強的不肯離座。結果他們把警察叫來了。警察不由分說，便把他拖到月臺上，並且將他的行李也拋出車外，指著貨車車廂說：「滾！坐貨車去吧。」

甘地寧死也不屈服，火車揚長而去之後，留下甘地默默拾起地上的行李，走進寒冷黑暗的候車室。他一個人孤零零的坐在黑暗裡冷得發抖，腦海裡思潮洶湧，甚至想到放下一切，回印度去算了。但是又想，即使回國，

問題也仍然存在。最後他下決心要留在南非，從事改變白人對有色人種歧視的工作，他想要把白人的錯誤糾正過來。

等到由火車換馬車的時候，問題又來了。雖然他買的是頭等車票，英籍的車掌卻不准他坐客座車廂，而叫他坐在駕駛座旁邊，不讓他和其他白人同坐。甘地理直氣壯的和他爭執起來，反而被車掌打了一個耳光，還想把甘地推下車去。有幾個白人乘客過意不去，便插嘴道：「這位印度人也有他的道理，你就讓他進來坐在我旁邊吧！」

但是這車掌還不肯罷休。甘地盡量忍耐，也不還手，一心只盼望能及時趕去目的地，以免誤了公事。

無論乘車或住宿，像這類受辱的遭遇一再重複發生，讓甘地深深體驗到印度人在南非白人社

會所受到的歧視和委屈。

他到達了目的之後，本想到國際飯店投宿，又遭到拒絕，因為他不是白人。後來聽其他印度人告訴他說，這類事情他們早已習以為常。為了多賺些錢，他們只好對這類事情盡量忍耐，當作沒發生一般。幸好，在到達普勒多力亞的夜晚，碰見一個美國黑人，帶他到一家由美國人經營的旅館去住宿了一夜，第二天甘地便和公司的人聯絡上了。

甘地與一般人不同。他信仰真理，喜歡據理力爭，不肯向不合理的事低頭讓步。這時的甘地已經二十四歲了，從這時候開始他便逐漸展露出他堅毅不屈的性格和奮鬥精神來了。

民族意識的覺醒

在南非的遭遇，可說是甘地一生中的一大轉捩點，不但喚醒

了他的民族意識，也引導他一步步走上改造社會和領導印度獨立的漫長征途。

當時南非的特侖斯瓦（南非聯邦之一省）議會提出加徵人頭稅的法案＊，這個法案是針對印度人來的。同時還規定不准印度人在當地置產，也沒有選舉權，甚至不許印度人走在人行道上，還規定晚上九點以後沒有警察許可，不能到外面遊逛。結果議會居然初步決議就通過這個法案。從此印度人在南非的生活就變得更受委曲了。

在這法案通過後不久，有一天晚上甘地從辦公室回家，時間已超過九點鐘。他在總督官邸前走過時，突然有一名波瓦族的警察不由分說的撲了過來，連踢帶

放大鏡

＊法案規定凡在當地的印度人，每人須繳三英鎊的稅金。當時每個勞工一年的薪水也不過八英鎊而已。

推的把他從人行道上趕到馬路中間。正好公司的顧問克茲先生經過，目擊一切，便問甘地要不要向警察提出控告，他挺身自願做證人。

但甘地卻說：「我不想控告他。問題根本不在於他，而在於法律上訂有歧視印度人的條文，改革這不公平的法律才是最重要的。」

後來克茲用荷蘭話和那個警察交談了一陣，警察馬上走過來向甘地道歉，甘地也立即原諒了他。

甘地在受人欺侮凌辱的當時，不但能夠控制自己，不發火，不反擊，很快就原諒對方，而且還能用理智冷靜的判斷眼前的情勢，想到從大處去處理這件事。他顯然已將自己個人所受的冤屈苦難置之度外。他想到的是那些身分遠不如他的印度大眾的

命運，而不是他個人的榮辱問題。

甘地受聘處理的訴訟案圓滿解決之後，正準備啟程回國。在歡送會上甘地偶然看到地上有一張英文報紙，上面談到有關在納塔爾省的印度人的選舉權問題。仔細閱讀之後，甘地了解到問題的嚴重性。如果這一提議獲得通過，印度人將失去他們選舉納塔爾國會議員的投票權。這議案一旦通過，將變成法律上正式條文，日後印度人在社會上就更沒有地位和保障了。

甘地向當地的印度人說明了問題的嚴重性，大家聽了都十分著急，紛紛要求甘地多留些日子，領導他們一起發動抗議，扭轉局勢。禁不住南非的印度人的懇請，甘地暫時延後他回國的日期，留下來繼續從事政治抗爭活動。

　　他一面在《印度時報》上發表抗議書，一面展開簽署活動，獲得了一萬人簽名。他把這份簽署和他的陳情書同時呈上議會。舉世聞名的《倫敦時報》也公開表示支持，給了甘地和南非的印度人很大的鼓舞。後來他們的抗議雖然未達到預期的效果，但是因甘地的領導已讓南非的印度人團結起來，他們的政治意識也有了很大的覺醒。

　　自從一連串的南非事件發生以來，甘地的生命裡開始有了新的認知和方向。在這以前，甘地還是一個混沌初開的小伙子，他徘徊於雙重文化之間，對自己的法律前途也毫無信心。然而，在南非這短短幾年裡所經歷過的一切，教他開始覺醒了。他變得成熟起來，他的主動性受到了激發。

　　這時的甘地，思辨力明晰，

英文表達能力也精確有力，加上他待人態度一向謙卑溫和，所以很具有親和力，可說是一位能教印度民眾信任的領導人。人們對甘地的敬仰和信任，也強化了甘地的自信心和使命感。

投入南非印度人的政治抗爭

1896 年甘地回到印度，打算把他的妻子和孩子接到南非定居。回印度期間，他把在南非的所見所聞寫成一本小冊子，印了一萬份，寄給全國各地報社及政治人物，引起了很大的迴響。因為封面是綠色的，所以大家稱這本小冊子為「綠色小冊」。

在印度這半年內，他曾做過幾次公開演講，並且認識了高可樂教授。這位新朋友給予甘地很多鼓勵與支持，對甘地日後的改革運動也產生莫大影響。高可樂後來是參與印度國民會議派※的

創始人之一。甘地形容他像綿延的恆河般和藹可親。

甘地於 1896 年年底再度回到南非。他的家眷也同他一道。因為有家人在身邊，日子也過得安順愉快些。這時甘地已經是三個男孩的父親了。

波瓦戰爭

兩年之後南非爆發了一場波瓦戰爭。由於波瓦人也常受到英國人的壓迫欺侮，他們與印度人處境相似，印度人對他們自然也有同病相憐的心理。但這時甘地為了印度人本身的前途與利益著

放大鏡

*國民會議派 (Indian National Congress) 是由印度的一群中產階級知識分子組織起來的政黨。於 1885 年在若納德 (Mahadew Govind Ranade) 的領導下創立。黨內極大多數人是印度教徒，伊斯蘭教徒人數寥寥無幾。高可樂教授、尼赫魯父子等人都是其中的活躍人物。首創之時國民會議派的立場相當中立，作法上也表現出與英政府合作的姿態。他們曾提議增加印度人在政府各階層議會中的席位，並主張節省減低軍用開支等。從 20 世紀初年開始他們的立場越來越激進，並逐漸走向印度獨立路線。

想，認為印度人應當表示支持英國當局，拿出與政府合作的態度來。

同情波瓦人的印度人起先很不贊成，後來他們了解甘地用心良苦，終於同意合作，組織了一支印人救護隊，去支援受傷的英軍。救護隊的表現很英勇，個個不辭辛勞，受到報紙媒體的表揚，英國政府並因此頒給甘地勳章，同時也讓英國人開始對印度人的看法有了改變。

波瓦戰爭很快平息了，南非的局勢又恢復平靜。這時甘地想回國去從事印度獨立運動。臨走時，南非的富商送了甘地不少名貴的珠寶，表示對他的感激。盛情難卻，他只好收下了。但他立刻在銀行用印度人會議的名義開了個戶頭，把這些東西存了進去，作為將來有緊急需要時的基金。

回到印度之後，接受高可樂教授的建議，他開始到全國各地旅行，來增加他對印度民情及社會的進一步了解。同時他也參加了 1901 年印度國民會議派的年度大會。高可樂先生在會議裡很具有影響力。他很看重甘地，認為他是個有遠見、有敏銳判斷力的人才，高可樂力邀甘地留在孟買參加他們的國民會議派。甘地便在孟買重新開設他的律師事務所。

重返南非領導抗爭

1902 年 12 月裡他收到從德爾班來的急電，要求他速回南非，因為英國殖民大臣張伯倫將赴南非，甘地在德爾班的同志們要甘地回去共同商量大計。

甘地和張伯倫見面時，送上了一份陳情書，要求英國廢除對印人的不平等待遇。張伯倫一副

官僚姿態，推說英國當局一向不干涉自治殖民地的事情，讓甘地他們碰了個釘子。這樣一來，使印度人對英國官方更加失望。

　　甘地決心留在南非，繼續幫助當地的印度人爭取平等待遇。他在特侖斯瓦的約翰尼斯堡開了一家律師事務所，業務十分興隆。他拿這筆收入發行了一份週刊，叫《印度論壇》，用英文及印度文雙語出版。由他本人執筆寫社論，內容主要有這幾點：

- 南非的不平等問題
- 印度世襲階級制度的弊病
- 各宗教教徒之間的對立衝突
- 改善日常衛生習慣

　　這份刊物對印度人在民族意識的覺醒上有很大的貢獻，也增強了他們的團結，但是對英國政府卻不見有什麼作用。

在南非萌芽的不合作運動

1906 年南非的特侖斯瓦議會又通過一條新亞洲法（亦稱黑暗法案）。這條法律的內容主要是要所有印度人到亞洲局去登記註冊，領取身分證，並登記所有有關長相特徵等等細節、蓋十指指紋，警察可以隨時隨地進入民宅去搜查印度人的身體，以及查看他們的身分證等等。如果逾期沒登記，將被當作罪犯處理。這個法案教甘地和所有印度人十分氣憤。

甘地想出了一個「非暴力鬥爭」的辦法。他為這個鬥爭的方法取名時，透過《印度論壇》徵求讀者的意見。結果他的堂弟馬干達‧甘地想出的名稱「撒地哥拉哈」引起了他的興趣。他考慮之後，增改了一字，稱它為「撒地亞哥拉哈」(Satyagraha)。這字的

60

前半 "Satya" 在梵文裡的意思是真理與愛，後半 "Agraha" 的意思是堅持。整體的意思大致是「擇善固執，堅持到底」。

撒地亞哥拉哈運動是甘地自創的理念。它的最終目的是改造社會，以及反對政府某些不合理的政策與法案。它的基本精神是用非暴力方式對抗壓迫和不公，以善意來說服對方，目的在於彼此取得協議，達成新的和諧。

在印度教教義裡很重要的一個思想觀念就是非暴力。甘地從小便受這種教義的洗禮。後來他又受到《新約聖經》裡「登山寶訓」的感召，並且融合了《薄伽梵歌》裡慈悲為懷的基本思想，再配合上當時社會的實際狀況，撒地亞哥拉哈運動便應運而生了。

這個運動成為甘地日後領導印度獨立過程中最突出的抗爭方

式和利器。運動的具體手段包括絕食、抵制商品、集體遊行等等行動。在西方一般把這種消極的抗爭，籠統的稱為「不合作運動」。

在西方社會裡，這種思潮其實也有相當長的歷史，好幾位哲學家都談論過，譬如羅馬時代的西賽羅、聖湯姆阿奎納斯、美國傑弗遜總統以及美國19世紀作家梭羅，其中最著名的要算梭羅了。

梭羅是《湖濱散記》的作者，寫過好幾篇提倡不合作運動的文章。他洞悉到工業革命為社會帶來的弊病，提倡自力更生，簡化生活。為了身體力行他自己的理念，他曾一度居住在一個窄小簡陋的小木屋裡，靠做零碎的粗工來謀生。梭羅的思想對美國及西方人的思潮影響深遠。

甘地在倫敦留學時也看過梭

羅的書。不過在這以前，甘地早已經有了撒地亞哥拉哈的觀念。他們二人的思想可能是不謀而合。不過，甘地的撒地亞哥拉哈運動，似乎比西方的「不合作運動」更多了一層宗教慈悲為懷的涵義。撒地亞哥拉哈不僅指政治上的種種運動而已，除了對不合理的法案採取不合作態度之外，還包括個人日常生活上的細節，以及人與人相處的基本態度等等。

從此之後，他們把印度人會議也改名為「撒地亞哥拉哈協會」。以約翰尼斯堡為中心，準備把這個運動擴大到整個特侖斯瓦。

等到法定的7月登記日期來到之時，印度人攜手執行起「不合作運動」來，使英國官員覺得棘手，不得不開始抓人。凡被搜查到沒有登記身分的人，全被關

進監獄，因此獄裡擠滿了印度人。

這時政府也大感頭痛，過了兩個星期後，一個波瓦人的殖民大臣史馬茲將軍找甘地談判，他答應了甘地的兩項要求：㈠釋放這次被捕的印度人。㈡把強制登記改為自願登記，一旦超過半數的人都登記之後，就立即廢止登記法案。

甘地所提出的第二點要求，顯然是對英國政府的一種試探，另一方面也是要為印度人伸張他們的自尊自主性。但是英國政府最後背信了。儘管印度人履行了他們的諾言，英國政府卻未廢止這項新法案，甚至執行得更加嚴格。

印度民眾既失望又氣憤，紛紛把登記證燒掉。很多人因此又被捕入獄，其中許多都是窮苦的工人，家裡毫無積蓄。一旦丈夫

被關起來，妻子兒女就只好行乞度日了。

創立自力農場

在這種情況之下，甘地不得不想辦法來解決他們的生活問題。他看了英國思想家約翰‧拉斯金＊的一些著作。拉斯金所提倡的自力更生農場的理想，深深打動了甘地。

同時俄國文豪托爾斯泰所宣揚的類似理想，也給了甘地很大的啟發。他和一位德國朋友商議，由後者出資，在約翰尼斯堡附近買下一塊四百英畝的土地，由甘地把坐牢的人的家眷集合起來，著手經營農場，並為農場取名「托爾斯泰農場」。

甘地受到了托爾斯泰以及梭

放大鏡

＊約翰‧拉斯金　(John Ruskin) 是 19 世紀英國著名的藝術評論美學家。他後半生致力於社會改革及慈善事業。

羅等思想家、文學家的影響，早幾年前便主張個人應當力求自給自足。除了一切盡量自己動手之外，他還曾自修醫學，緊急時，他也能充當一下代理醫師，1897年他妻子生第三個兒子時，便是由他幫忙接生的。

由於農場的群眾在宗教信仰及社會階級方面都有很大差別，生活在一起難免會發生衝突，譬如印度社會裡做勞役工作的人都屬於「賤民」階層的人，農場裡的少數其他民眾是不屑於做低下的勞役的。甘地認為這是印度社會的毛病，在他眼裡，這種階級歧視也與白人的種族歧視一樣的不合理。

甘地於是以身作則，堅持自己動手掃地、洗廁所，並且還幫一個賤民出身的職工清理垃圾。他還要求商家出身的妻子也和他一樣。妻子最初很生氣，兩人為

此爭吵，但是到後來妻子也被甘地謙卑真誠的胸懷感動了，從此大家攜手合力，相處無間。

在托爾斯泰農場上，大家不分階級，不分宗教信仰，不分語言，都能共同合作，很快的使農場興旺起來，農作物也獲得豐收。

除了農產品之外，他們還設有製鞋廠，用木頭自製涼鞋。他們也製造木器家具，到後來連房子都會造了。他們還自辦學堂，讓孩子們上午參與農場的工作，下午去上學。

和平示威運動及最終勝利

南非聯邦政府一度答應刪除不合理的新亞洲法，後來又不履行諾言，而且變本加厲，又制訂了另一項新法：規定凡是不用基督教儀式辦理的結婚登記一律無效。這個規定後果可太嚴重了。

這樣一來，凡是印度教、伊斯蘭教或佛教教徒的婚姻全失去了法律保障，做妻子的就個個沒有合法身分，印度人的子裔豈不都成了私生子！所以這新法案特別引起婦女的關心，也都紛紛加入了撒地亞哥拉哈運動的陣營，包括甘地的妻子卡絲特巴在內。

此後參加運動的民眾越來越多，超過五千人。他們於 1913 年 10 月 28 日徒步行走五十餘公里，發動了一次大規模的示威運動。一路上每一人只能分到少許麵包和砂糖當糧食。甘地一再與群眾約法三章：當警察來抓人時，民眾必須遵守撒地亞哥拉哈精神，不去抵抗壓迫他們的人。

甘地和夫人好幾次被逮捕入獄。參加運動的勞工和家眷們因為監牢太小了，便被關在鐵絲網圍起的臨時監獄裡。他們被罰做苦工，並且不時挨揍，消息傳到

印度國內以及英國，引起很大迴響。在輿論攻擊之下，六個禮拜之後，甘地他們幾個領袖被釋放了。

正當此時，南非聯邦鐵路局的白人勞工，為了待遇問題，也舉行了大罷工，聯邦政府的處境岌岌可危，有人向甘地提議說：這是印度人大規模示威遊行的一個大好機會，可以使政府讓步。甘地卻堅決反對，認為不該趁人之危。

我們不要忘記了，甘地不是一般的政治人物，真正說來，他是一個道德家，一位仁者。他的最終目的是要解除同胞的苦難與困境，不是要為他自己或政黨製造政治勢力。他認為這樣做是趁火打劫，來謀求自己一方的利益，他認為這是不道德的。他決定把示威運動延到鐵路工人罷工問題解決之後才來舉行。

他們把這項決定透過路透社傳到英國本土，令許多英國人大為感動。不論甘地的基本動機是出於道德考量，抑或政治手腕，總之，他用善意公平的態度而贏得了所要爭取的目標。

不久之後，南非聯邦總理大臣史馬茲將軍簽署了議會所決議的「印度人救濟法」，廢止了印度人須繳三英鎊人頭稅法案，承認所有宗教儀式婚姻的合法性。同時，印度人只要有一張居住證明，便能在南非任何一州居住。前後進行了八年的撒地亞哥拉哈運動，終於獲得了勝利，從此印度人便能在南非安心居住了。

這位殖民大臣史馬茲將軍也深深的被甘地的人格，以及參與運動者的自我犧牲精神感動了。過了很多年之後，已成了世界級巨人的甘地，在七十大壽時，曾收到一份史馬茲將軍寄來的禮

物，裡面包的是甘地當年親手製作的一雙涼鞋，是當年甘地為表示謝意而送給將軍的。將軍還在信上一語雙關的寫著：「這雙鞋我多年來每次去鄉下農莊時都穿著它；不過我始終覺得自己沒有資格立足在這樣一位巨人的鞋子裡。」

5

在祖國引起的風暴

初返祖國

　　甘地在南非從事政治運動及社會改革，不知不覺已經過了二十二年。這時甘地已經由一個二十來歲初出茅廬的年輕律師，變成一位精明練達的中年鬥士了。此時南非的政治鬥爭已經成功的告一段落。一向極為賞識甘地的國民會議派人士高可樂教授從印度來信，邀請他回國為祖國爭取自治的大業共同努力。

　　這時是 1914 年 8 月，正逢德軍入侵比利時，英國也對德國宣戰，開啟了第一次世界大戰的序幕。甘地首先抵達倫敦，這時有許多甘地的朋友勸他趁著英國政府為戰事所困之時，向英國提出印度自治的要求。甘地卻不以為

然，認為這樣是乘人之危的不道德行為。他主張仍舊採取波瓦戰爭時所提出的措施——組織志願救護隊來幫助受傷的英軍，可是響應的人不多，同時他自己忽然罹患了肋膜炎，醫生勸他及早返回印度去，以免冬天一到病情會更加惡化。所以這項提議沒有付諸施行。

甘地於 1915 年 1 月回到了印度。與高可樂教授商議之後，他接受了高可樂的建議，先到印度各地去旅行，以便了解民情及國內社會的情況。

為了要與老百姓同甘共苦，他穿著與工人相同的服裝，而且都搭乘三等車廂到處旅行。這種車廂既髒又亂，而且因為人擠，搭乘的人經常必須從窗戶爬進去。有時還會被擠到載牛羊的貨車上去。但是甘地決心要與印度的窮苦百姓共患難，表示他也是

印度老百姓中的一分子，所以說什麼也不去搭乘其他等級的火車。

甘地在印度旅行考察人民的生活，對農民和工人的生活與想法都有了更深的了解。為了解決他所見的種種問題，他決心依照他在南非的實地經驗，在印度本土再創辦一座自力農場，讓農民能夠自力更生。他和大家討論的結果，把農場命名為「撒地亞哥拉哈農場」，藉此來進一步發揚「把握真理」的理念。

這個農場於 1915 年 5 月在阿美達巴近郊的沙爾馬河畔創立了。最初，整個農場連甘地一家人在內才二十五個人，大家分工合作，像一家人。經過一年多的努力，農場的前途逐漸展露曙光。

甘地繼續到印度各鄉鎮去作考察。1917 年他到了畢哈爾州北

方的契巴朗。該地以種植可做為藍色染料的植物出名（一種叫印度藍的染料）。他發現在契巴朗種植藍色染料植物的農民生活得連牛馬都不如。因為太窮，要他們了解衛生的重要，也是件困難的事。

有一次卡絲特巴和悅的問當地一位婦女：「衣服太髒容易感染細菌，會生病的。你們為什麼不換洗一下衣服呢？」那個婦女指著她破爛的小屋說：「你看，我家空空的什麼也沒有，哪來的衣服換洗呢？我總不能光著身子去河邊洗衣服吧？」

甘地將他所見所聞寫成了調查報告，呈送給孟加拉州政府，果然引起了州政府的注意，立刻派了副總督來親自視察，在政策上作了一些改變，大大的改善了當地農民的生活。

阿美達巴罷工運動

正當甘地以為自己可以稍微喘息一下的時候，傳來阿美達巴的紡織工人蠢蠢欲動，準備發動一次大罷工的消息，阿美達巴方面希望甘地趕快回去調解。

這次罷工起因於當地紡織工人的薪資太低，生活太苦。他們要求雇主加薪百分之三十五，卻遭到雇主的拒絕。這次罷工是印度有史以來第一次有組織的大罷工，時間長達三個禮拜。

當地紡織界的大企業家阿巴拉正好是甘地的朋友。其實阿巴拉是一個很有理想與見識的正人君子，而且懷有眾生平等的前衛思想。他對甘地的人格與作為一向很欣賞佩服，他的親妹妹阿那蘇雅也是甘地的信徒之一。兄妹兩人都是受過高等教育的知識分子。阿那蘇雅最初是學醫的，後

來成為一名社會工作者。

這次罷工，她和哥哥阿巴拉正好代表利益衝突的雙方：哥哥是工廠老闆，自然站在資本家利益這一邊；妹妹則站在勞工這一邊。為了這個衝突，阿那蘇雅曾寫信向甘地請教，該如何處理。甘地為了調解兄妹倆的矛盾，也為了能為窮苦勞工爭取到較好的待遇，他周旋於兄妹之間，用盡了苦心。他利用他和阿巴拉的私人關係寫信給他說：

我本來不想干涉你的家事，不過，我覺得你應當讓你妹妹開心，給工人們加薪……多花點錢對你不算什麼，卻能滿足你妹妹的要求。她的心腸是如此的善良純潔……。

不過阿巴拉有他自己的考量及立場，遲遲不肯完全答應勞工的要求，怕開下先例，怕勞工得

寸進尺，將來也許會帶來更多的危機。因此他只答應了部分的要求。

但是勞工不肯妥協，堅持繼續罷工。

到了第三個星期時，許多人開始沉不住氣了。甘地很擔心會有暴力事件發生。正在不知所措之時，他突然靈光一現，想起小時候母親的絕食舉動。他想：我只要以絕食來表示誠意，來感動勞工，他們就不至於發生暴力事件；同時我的絕食也許能使頑固的資方考慮調整薪資的問題。

結果他的計策成功了。持續了三週的罷工活動，終於讓勞工獲得勝利，關閉了三週的紡織工廠又開工了。這次勞資糾紛在甘地的領導調停下，終於和平圓滿的落幕了。這次罷工運動對於印度社會，等於進行了一次意義重大的機會教育。同時也等於是日

後向英政府爭取權益的一次預習。

罷工在和平友善的氣氛中結束了。慶祝遊行時，工人們把甘地、阿巴拉和阿那蘇雅兄妹用四輪馬車載著走。他們還特地獻給阿那蘇雅一套紅色的傳統印度紗裙。甘地說他從來沒見過雙方都這麼有禮貌的鬥爭。甘地從來不願自己居功，所以把這件事歸功於阿那蘇雅和阿巴拉兄妹之間的情誼。其實誰都明白他在整個運動中所費的心血，和他個人的感召力量。

兩年之後（1919年）全國對抗英政府的大罷工，獲得全國勞工的響應。1920年撒地亞哥拉哈運動蔓延到全國各地。阿那蘇雅一直繼續領導勞工大眾，為他們的權益奮鬥，在歷史上她贏得了「印度工會之母」的稱譽。

棉布運動

接著，甘地又有一項新的創舉。在同一年（1919年）裡他又推出了「棉布運動」。經他多年考察民情、研究實況之後，深深覺得印度人貧窮的最大原因是受英國商人剝削的結果。

印度雖然是世界上最大的棉花產地，本國卻連紡織工業都不存在。英國人把棉花從印度運回英國加工，織成棉布，然後再運回印度，以高價賣給印度人。

甘地因此決心要靠印度人自己的力量織布。他託人到處去收購舊式紡車和織布機。他的姪兒馬干達對機械很有興趣，經他研究之後，領悟到織布的方法。他們又請教了鄉下會織布的老太太有關紡織的種種訣竅。從撒地亞哥拉哈農場開始，這個自給自足的運動便像漣漪一樣散開了，傳

布到全國各地。

就這樣，從播種、採收、製成原料、紡紗、織布，一步步全都由印度人自己完成了。甘地看到印度人自己種植的棉花由印度人自己紡成線，再織成布，不禁感動得熱淚盈眶。

從這次棉布運動起，紡紗竟然也變成甘地日常生活的一部分，我們在甘地生平的相片中常常會看到他坐在紡車旁紡紗。

甘地把紡紗當作一種修心養性的方法，像別人練習書法或靜坐一般。聽著紡車轉動的聲音，他覺得心境也祥和平靜起來，他希望全國的人都能像他一般。由此，我們再一次看到了他超人的智慧和修養。甘地把紡紗這件極平凡的勞作，轉化為全國人自力更生的象徵。他用這麼實際的作法，改善了貧苦農民的生活，而同時又將勞動昇華為養性之道。

他親自作榜樣，參加紡織工作。

甘地在這項運動裡，又一次展現出他母性的一面。整個棉布運動的過程都非常富有獨創性，並且也充分發揮了印度人民最需要建立的本土性。

「撒地亞哥拉哈」運動蔓延全國

在第一次世界大戰發生時，印度有一百三十萬印度兵和英國兵並肩作戰。印度兵傷亡達十萬六千名。印度花了一百萬英鎊支持英國的戰爭費用。但是英國人似乎很快就忘了。1919年英政府為了控制印度的國民運動，在議會裡又通過一項新法案，以便加強控制——那就是「羅拉特法案」。這法案禁止印度人所有反政府的活動，並且規定警察不須拘捕證，就可以逮捕參加活動的印度人，而且不必經過審判就可以定罪入獄。

　　這套不合理的羅拉特法案，更加深了印度人的憤怨，使棉布運動發展得更加熾烈起來。這個運動、以及同時在各地展開的罷工、建立自力農場、抵制英貨等等，都成了整個撒地亞哥拉哈運動的一部分。

　　為了抵制這個不合理的法案，甘地考慮再三之後，想出一個對策:「我們發動一次全國人民大罷工。讓所有的工作、商務和學校全部停頓二十四小時。」他想用這個辦法為將來進一步的抗爭鋪路。沒料到由南到北，從東到西，不論都市或鄉村，大家都熱烈響應這項活動。這使甘地深深了解到印度人民是多麼憤恨英國的背信與不公。甘地受到很大的鼓舞，決心繼續發動一次更大規模的撒地亞哥拉哈運動。

　　為了鼓吹他的思想，他首先著手做的事情是刊印他過去寫的

《印度自治》這本著作，還有約翰‧拉斯金的《沙波達雅》。兩本書一發行，便立刻被搶購一空，群眾熱切的支持甘地的號召。此時，在一般人心目中，甘地幾乎是具有神性的人物。每當他在任何一個有群眾的場合出現時，總是聽到人們高呼：甘地萬歲！甘地萬歲！

甘地對這次發動大型撒地亞哥拉哈運動滿懷希望。1919 年 4 月 6 日，他正準備到德里及喜馬拉雅山附近的阿木里查去繼續傳播不合作運動的思想，政府怕了，派警察阻攔，強迫甘地下車，將他押回孟買。甘地人還在途中時，在孟買的民眾已得到消息，便聚集在孟買車站守候。因為怕聚集在孟買車站等候的民眾鬧事，警察強迫甘地在前一站下車。在孟買的群眾不明就裡，以為甘地被捕了，反應非常激烈。

　　甘地擔心發生暴力事件，而使和平的不合作運動前功盡棄，於是他匆匆趕往孟買的市區廣場。數千名印度人興奮雀躍的跟在甘地的車後，高呼：「我們的甘地萬歲！」不料武裝警察隊伍也同時來到，不分青紅皂白，拿起刀槍，逢人就打。他們手拿殺人武器來對付手無寸鐵的老百姓，令甘地萬分痛心氣憤。

　　就在這同時，在阿美達巴也發生了暴力事件，鐵路遭到民眾破壞。甘地在他創辦的自力農場召開了緊急大會，重新檢討民眾的行為，並且一再強調重申不合作運動的基本精神和原則。他說：「我們的運動，一向以不使用暴力為首要原則，來貫徹不服從對方命令的宗旨。不論對方的態度如何惡劣，甚或使用刀槍，我們也絕不抵抗。」

　　他還說：「大家必須明白，面

對暴力武器的威脅，而能不抵抗不畏縮的堅持不合作原則，這必須要具備比使用暴力多達數十倍的勇氣。」

阿木里查慘案

正當甘地他們在阿美達巴召開市民大會時，在阿木里查卻發生了一件令人震驚的慘案。這件事的起因是當全國舉行全面罷工時，阿木里查地方的人為了響應這項運動也展開活動。當地的總督戴亞將軍看到街上的大遊行，便立刻發布了戒嚴令，不允許民眾隨意遊行或在公共場所集會。

市民選定在 1919 年 4 月 13 日那天，在公園集會抗議戒嚴。總督得悉之後，立即下令軍隊全副武裝，包圍住在公園裡集會的人，並且在公園的唯一出入口架設了機關槍，毫無預警的便向男女老幼瘋狂掃射，群眾聽到槍

聲，還不知道是怎麼回事，大家蜂擁到出口處。這樣一來，死傷的人數便更多了。總計四百名百姓當場死亡，一千二百人受傷。

這個事件被封鎖了幾個月之後，終於傳了開來，全世界都知道了。連英國人也強烈抨擊，覺得戴亞將軍的作法太過殘忍冷血。但是英國的保守派人士反而把他捧成英雄人物。他雖因此事下臺了，卻未受任何懲處，保守派的爵爺們還為他籌募了一筆鉅款作獎金，並頒贈他一把鍍金的寶劍，而且英國的保守派報紙《晨報》還以「帝國的衛護者」來稱呼他。

這實在太過火了。英國的自由主義派人士大不以為然，紛紛譴責，認為戴亞將軍的作法值得檢討。他們要求英國議會組織調查委員會到印度去實地了解真相。

阿木里查慘案成了印度歷史上一個重要的轉捩點。英國皇家保守派的態度，激怒了長久以來受屈辱的印度人，連本來立場溫和理性願與英國合作的國民會議派也改變作風了。他們特意將會址移到阿木里查。

莫提拉・尼赫魯（印度獨立後第一任總統尼赫魯的父親）原來是非常親英的，受的是正統英國教育，在印度是有名的律師，從這時起態度上也有了一百八十度的轉變，他把一身筆挺的西裝脫下燒了，從此改穿甘地提倡的白棉布衫，變得十分本土化起來。尼赫魯父子一起參與了甘地接著發起的「不合作運動」。

原本極端理性平和的甘地在此事之後，忍不住發出了怒吼：「英國人的這種態度簡直豈有此理，太可惡了！」他接著又用強烈的言辭宣稱:「不論以何種形式與

這個邪惡的政府合作都是有罪的行為！」

甘地於是又發動了一次的不合作運動，鼓動印度人退出公職職位，不參加投票選舉，鼓勵公家學校學生罷課等等。甘地和尼赫魯父子的深厚感情，便是在這一段時間裡建立起來的。

6 甘地正式從政

加入國民會議派

　　一直到阿木里查慘案發生之前，甘地始終不願正式參加政黨活動，他幾次婉拒了國民會議派人士的邀請，因為他一直認為他應該透過精神運動來解救印度。但是自從阿木里查事件發生後，甘地開始對英國官方感到絕望。英國政府為了敷衍印度人，隨即頒布了所謂的半自治法案＊，使甘地明白，要促進印度的獨立，已不能再只靠精神運動了，於是在 1919 年 12 月他正式參加了國民

　　放大鏡　＊半自治法案　所謂「印度半自治法」是英國皇家頒布的。這個改革案遵照英國與印度雙方於第一次世界大戰時的約定，將不合理的亞洲法和羅拉特法加以修改而成。名義上讓印度自治，而事實上，只不過在州政府官員中多安插幾個印度人罷了，是英政府掩人耳目的一種手段而已。

會議總會，從此開始和尼赫魯父子一同為印度的獨立大業奮鬥。

這次會議中他們決定繼續對英國展開撒地亞哥拉哈運動，要點包括：

(一)退還得自英國的身分和封號。＊

(二)絕不使用英國的法律來審判案件。

(三)不讓子女進入英國政府開辦的公立學校就讀。

(四)不參加政府召開的任何會議，有公職者當自動辭職。

(五)不接受政府任何招待。

(六)不響應募兵制度。

(七)抵制外國商品，尤其是英製產品。

(八)不買政府公債。

放大鏡

＊甘地把在波瓦戰爭中所獲得的三枚勳章還給了英國，諾貝爾文學獎得主泰戈爾曾因他的文學造詣而受到英皇親賜爵位的殊譽，現在他憤而將爵位退回。

這八項不合作運動獲得了全體印度人的支持。甘地和泰戈爾退回勛章與爵位之後，其他印度人也竭盡所能一致抵制英國政府。這個運動便像星火燎原一樣蔓延開了。這個運動激起了印度國民的自尊心，使得全國上下更加團結起來。

甘地於 1919 年年底開始直接參與政治活動，受到舉世的注目。他以消極的不合作運動對抗勢力龐大的大英帝國，使得其他亞洲、非洲等殖民地也受到鼓舞。甘地這時已成為全世界受壓迫民眾心目中的一盞明燈。

受老百姓愛戴

這時全國上下對甘地信任和崇拜的程度，簡直到了頂峰。許多人把他當作神明一般來崇拜。他每次出門演講，必有成千上萬的民眾，把火車和廣場擠得水泄

不通。每逢這種場合總會造成上千的人受傷，情況有似現在的大型演唱會，歌手要是不注意防範意外的話，很有可能被瘋狂的民眾撕成碎片哩。印度的人口更多，比這些音樂會的人數還要多上千百倍，所以那種熱烈的程度實在難以想像。

當時有無數的農民、村民長途跋涉趕來，就是為了見甘地一面。有很多人帶了花果錢幣等等禮物，要奉獻給甘地。每個車站的員工都得花上大半天把這些禮物塞進貨運車廂。絕大部分的人不是為聽演講來的，他們只為了遠遠的見甘地一面。

有位芝加哥的特派記者目睹當時盛況時，曾詢問他身邊一位印度的大學教授：「你對這個現象有何看法？我一路上每到一站都碰到這種景況。」

那個印度教授說：「其實，這

個道理很簡單：對印度的廣大群眾來說，甘地代表的是一線光亮，也是他們唯一的希望。他們要的就是這麼一個跟他們穿一樣衣服的半裸的人。何況這個跟他們一個模樣的人，偏偏敢與冠冕堂皇的英國總督議論時政，平起平坐……這群苦老百姓雖然無知無識，卻一點也不笨。」

　　印度人民對甘地的熱烈響應與愛戴，持續了好幾十年，一直延續到今天。甘地深深的打動了印度人民的心，不僅是印度人，其實甘地也深深的震撼了全球各地有良知、有同情心的人。他的思想和影響力一直持續到現在。研究他和記述他生平的書不下百本。以撒地亞哥拉哈為原則而衍生的各類社會改革的社團組織與方案，也多不勝舉。

反英活動擴大

甘地從政後的第三年，也就是 1921 年年底，英國愛德華王子到印度訪問。甘地向國民會議派提出建議，要徹底排斥歡迎王子的所有活動，這個建議獲得全體一致的支持。

於是當王子抵達首都孟買時，歡迎的場面異常冷落，所有的商店都關門歇業，整個市街呈現出一片死寂，王子受到這般奚落，氣得臉色發青。總督府為了討好王子，立刻出動警察逮捕了國民會議派的領導人物，包括尼赫魯父子等數十名領導人。因為找不到確切證據，甘地僥倖的逃過了這一關。其他的人卻不幸坐了好幾年牢。但是英國人的作法反而使印度革命分子更加團結，在甘地的領導下，同仇敵愾的繼續從事反英運動。

反英運動如野火般蔓延到印

度各地。開始時還算順利。不料沒多久之後，甘地所擔心的暴力事件又發生了。在喬里查拉村有幾名警察被殺，警局也遭到民眾放火燒毀。甘地立刻召開會議。他宣布說：「因為有少數人不遵守原則，使用暴力手段，嚴重破壞了不合作運動的精神。所以我以最高負責人身分宣布，立刻停止這項運動。」

甘地的決定，引起很多人的怨憤不滿，因為當時反英運動正如火如荼，若繼續進行，很可能促使英國讓步，而在這緊要關頭，甘地卻基於原則及道德問題而下令停止活動，令人感到非常氣餒＊。

放大鏡

＊後世的歷史學家裡，有很多人認為甘地的決定，使印度的獨立運動延誤了十年。從政治的立場上來看，恐怕是錯誤之舉。這是甘地基於宗教及人道立場來考量政治大業時所造成的損失。

英國政府不但不感謝甘地解決了他們的危機，反而認為不合作運動既然已經停止，正是逮捕甘地的大好機會，於是判了六年徒刑，把他關進監牢。其他許多領導人仍因前些時候的反英運動而尚關在獄中。印度獨立運動的火種也就暫時熄滅了。

在獄中的甘地，一點也不消沉灰心，他覺得這段時間正好可以用來修心養性。他要到一部紡車，便每天在獄中一面紡紗，一面思考問題。在獄中生活了兩年之後，甘地突然患了急性盲腸炎，英國當局怕他萬一死在牢裡，將會引起民眾的騷動，以為英人謀害了他，於是就把他釋放了。

一把鹽運動

因為甘地和其他國民會議派領袖人物都被監禁，印度獨立運

動的進行暫時停頓，沉寂了好幾年，直到 1927 年發生了賽蒙委員會事件後，才又再現高潮。

這個委員會是政府為調查要給印度人多少自治權而組織的委員會，中心人物是賽蒙。會中所有委員全是英國人，沒有一個印度人。甘地和其他領導人自然都十分不滿。

尼赫魯出獄後仍繼續從事印度獨立運動。他甫自蘇聯訪問回國，甚受革新派青年歡迎，這時他發表談話，反對賽蒙委員會。他說:「我們不能因為從英國那裡獲得某種程度的自治而感到滿足，我們所期盼的是祖國完全獨立。」接著警察又把一些反對該會的領導人逮捕了。連尼赫魯在和平示威時也遭到警察毆打。

尼赫魯的思想較為激進，甘地較為保守。但兩人對於再次發動不合作運動的想法卻是一致

的。而且尼赫魯深知只有「甘地爺爺」＊具有這種號召力。自從1922 年發生喬里查拉村的暴動以後，對英的抗爭運動已經停歇了七、八年。這次尼赫魯又向甘地請願，希望他出來重新領導反英的不合作運動，並向甘地保證民眾已深悉非暴力原則，並認為現在時機已經成熟。

很多激進分子都在一旁用懷疑的態度冷眼旁觀，等著看甘地要用什麼花招來發動下一個不合作運動。結果，大大出人意料之外，甘地用的僅僅是一把鹽。

長期以來，食鹽一直是總督府的公賣品，而鹽的稅金非常重，人們得花高價買鹽。在印度由於天氣炎熱，汗流得多，鹽的需求就和水一般迫切，而私人製

鹽出售是不合法的。但是甘地利用他的專業訓練，仔細查看法律條文，發現並沒有規定不准自己做鹽，因此甘地想到鼓勵老百姓用海水來製鹽，這樣可以抵制政府的高價剝削。

甘地首先要求政府將鹽稅免除，但政府根本不予理會。甘地便發表聲明，要大家跟他一起來製鹽。他於 1930 年 3 月 12 日帶領著七十九個農民走出阿美達巴的農場，準備用二十四天的時間步行到三百八十四公里外的丹迪海邊去製鹽。這時他已經六十一歲了。他手持竹杖，一天只吃有限的糧食。但他精神矍鑠的在烈日下長途跋涉。他堅毅不拔的精神和聖人般的風範，感動了普天下許許多多的人。

他於阿木里查慘案紀念日前一日抵達丹迪海邊。記者前來問他此行目的何在，他交給記者一

張字條。上面寫著:「我要全世界同情支持這個真理對強權的抗爭」*。然後他走到海灘上,海水在烈日曝晒下一部分已蒸發成為一粒粒的鹽。甘地此時引身拾起了一小把鹽。由這樣一個舉動,甘地重新喚起了印度百姓的自信和自尊心。接著,男人和女人成群結隊的走到海灘去收鹽粒,然後再加工製成食鹽。

如此一來,所有的印度人都不再買英國公賣的鹽了。不僅如此,凡是英國的商品,他們都一律不買。本國的產品反而頓時大銷,這當然使英國的商人損失慘重。英國政府大為震怒,再度下令逮捕甘地,結果反而使各地反英活動更加激烈。

放大鏡

* 「我要全世界同情支持這個真理對強權的抗爭」,這句話他用英文表達時,更加精銳有力:"I want world sympathy in this battle of right against might."

　　工人罷工，市民不納稅運動……風起雲湧。從英國運來的棉織品和其他貨物則堆在船艙裡，銷不出去。世界各國的輿論也紛紛譴責英國非法逮捕的舉動。英國見情勢對他們大為不利，只好在 1931 年 1 月釋放了甘地。

　　在一把鹽運動的過程中，曾發生過一件十分不幸的血腥事件*。那時甘地已經又被關進監牢去了。不合作運動暫由甘地的親信奈都夫人率領。這個事件發生在龐貝城北面兩百多公里的達拉沙那製鹽廠門外。

　　在 1930 年 5 月 21 日那天，有

放大鏡

　　*有一位美國新聞界的特派員韋伯米勒目睹到當時的情形。他報導時說：「我在新聞界工作二十年以來，從來沒見到這麼血腥殘暴的場面。」這段歷史曾獲得奧斯卡電影大獎的「甘地傳」裡有過詳盡的描繪。我們看見手無寸鐵的印度百姓被四百名拿著鐵棒的警察打得頭破血流。但是沒有一個人還手抵抗。一個人倒下，後面一個又接了上去。場面十分慘烈，看了真覺得慘不忍睹，真不懂有時人對人怎麼會這樣兇殘，毫無一點人性。

兩千五百位甘地的信徒參加這個撒地亞哥拉哈的活動。在出發前領袖們再三向大家重申非暴力運動的宗旨和嚴守紀律自制的原則。

他們手上只帶了要去拉垮鐵絲網用的繩索，沒有任何武器。他們一排排安靜的站在鹽廠外，與四百名武裝的警察對峙。結果，手無寸鐵的示威者一個個被手持鐵棒的警察打得頭破血流，昏死在地，前仆後繼，沒人退縮。他們連一聲喊叫的聲音都沒發，甚至連舉起手來保護自己頭殼的人都沒有。他們忍著痛，默默承受著非人的苦難，當時只聽得見低沉的呻吟。

結果，有三百人被送進臨時醫院就醫，兩人死亡。甘地有個跟隨多年的乾女兒，名叫米拉班。她是一位英國將軍的女兒。因為敬愛甘地而從英國跑到印度

來。她在事件發生後到醫院去探望受傷的人。看到一個個非暴力運動的民眾的慘狀，不敢相信的說：「英國人的榮譽和正義感上哪兒去了？」

諾貝爾獎得主泰戈爾早在一年前阿木里查慘案發生之後就退還了英帝國的爵位。這次事件之後他向英國記者發表談話道：「英國在世界上已失去它過去所持有的『公平者』的光榮地位；對整個歐洲來說，這次事件也是一次道德敗落的標誌。」

英國的強硬手段不但沒使印度人屈服，反而刺激茁壯了他們的民族自尊心和團結心。此時甘地雖然人在獄中，卻比他人在外面產生的影響力還要大。

牽羊上會堂

英國在國際輿論的攻擊之下，為了減輕壓力，暫且召集了

一次圓桌會議，討論有關印度自治的問題。他們只准印度的國民會議派推舉一個代表來參加。這個角色自然又落到甘地的身上。

甘地的出席相當戲劇化。他穿著一身農人的粗布白衣衫，腳上則是一雙自製涼鞋。除此之外，他還隨身帶了隻母羊，為的是隨時可以喝到鮮奶。甘地想藉此機會向世界宣示他的印度本土化的意向。

他這出人意表的裝束引起很大的轟動，也讓人覺得有趣，因而達到了某種宣傳效果。我們都知道，服裝往往有它背後的象徵性。甘地這一身裝束顯示了他那富有鄉土性運動的特質，另一方面也多多少少顯示出一種幽默的姿態。這與英國人的一本正經、裝模作態的外表，形成了強烈的對比。英國官方對甘地這個人可說是無可奈何，簡直拿他一點辦

法也沒有。

　　圓桌會議一無所成，甘地失望而返，在歸途中，他又被逮捕了，這次是因為剛上任的總督威靈頓要顯示他的威望，認為國民會議是非法組織，把所有的領導人物都關了起來，其中包括了甘地夫人及尼赫魯夫婦等人。在1932年的頭兩個月裡，一共有三萬人因為政治因素而被關進牢裡。

　　在獄中甘地一點也不覺得苦，他看了很多書，和他的隨身秘書德賽談天，思考各種有關印度將來的問題，並且每天一定花一個小時來紡紗。長期以來，身陷囹圄的甘地不但沒有因為挫敗而氣餒，鬥志反而愈加奮發。接下去我們來看他將如何為印度種族之間的平等觀念作奮鬥。他的努力在他仍在獄中時就開始了。

7 四海之內皆兄弟

　　甘地一向主張人類平等的觀念。他向來反對印度固有的階級觀念，反對一般人對賤民階級的歧視。只要有機會，他必定挨家挨戶的去向人們傳播平等的思想。

　　在自力農場裡，他總是身體力行的去做所有原來屬於賤民做的工作。他也始終反對印度教徒與伊斯蘭教徒之間的敵對態度。

　　甘地認為，為了達到印度獨立的目的，必須先克服兩個難題：(一)消除印度的階級等級觀念。(二)化解印度教徒與伊斯蘭教徒之間的仇恨與偏見。

　　前面說過印度社會有四個階級。還有另一種人叫「不可觸碰者」，或稱「賤民」。他們是沒有絲毫社會地位的人，別人把他

們當作蟲蛆一般看待，認為他們是天生該受詛咒的人。他們只能像奴隸一般做沒人願意做的、最低級的工作。這一階級的人數占總人口的五分之一。

三千年以來，他們一直是被瞧不起的「賤民」，命運十分可悲，因為貧窮，沒受教育，一代傳一代，永遠翻不了身，他們因為一再受歧視壓迫，有些人對印度教徒積怨很深，反而與伊斯蘭教徒較為接近。這種分裂的情況也使印度社會危機暗伏。

1932 年當甘地在獄中時，英政府卻於那年頒布了一條新選舉法，將「賤民」排除在一般選民之外，甘地看穿了英政府蓄意製造族群分裂的陰謀，便在獄中寫信給英國首相，要求廢除對賤民不公平的選舉法。他決心以自己的生命作賭注，用絕食來抗爭到底，雖死無悔。

甘地在獄中絕食抗爭，使英國政府很緊張，深恐他因此死在獄中，將會引起印度人民的暴動，所以極力勸阻，但甘地不為所動，他的身體因此一天天的衰弱了。隨著甘地的生命日漸垂危，印度人反英思想卻愈來愈熾熱，結果英國屈服了，只好重修選舉法，並讓甘地過目，經甘地同意後簽署。沒料想到奄奄一息橫躺在榻上的瘦老頭子甘地，又光榮的打勝了另一仗。

一般人不能夠完全理解甘地為什麼要用絕食的手段來達成政治目的，還一度為他有生命危險而憂心，然而泰戈爾比一般人看得更遠些，他說：「甘地是以絕食來為印度社會大眾贖罪的。沒有一個文明的社會能夠對同胞的不幸視若無睹……。」他又引用了甘地說過的話：「凡是把別人壓在下面的最後也終將被拖下去。」

　　1933 年甘地又因病危而獲釋，同年他創辦了一份叫《神之子》的報紙。他稱賤民為「神之子」，並在上面為傳揚平等待人的觀念發表了許多文章。

　　在甘地絕食期間，印度國內許多人開始有所覺悟，印度教的大門打開讓賤民進去了，賤民也被允許自由的在公共街道上走路或從公井裡汲水了。有些高階層的印度人捐了錢幫賤民兒童辦學校。可惜這種現象只維持了一段很短的時間。

　　一個已有三千年歷史的成見和習俗不是一兩天內就能改變的。不久之後，這全國五分之一的人口又變成「不可碰觸」的族群了。不過，至少甘地已經開始散播階級平等的理念。在這以後的十年裡，甘地將大部分精力都致力於這方面的思想教育。

　　甘地在 1933 年 8 月發動了一

次一萬二千哩長程之旅，時間長達九個月。這次旅行的目的完全是為向印度教徒及伊斯蘭教徒傳揚眾生平等的思想，並要他們拋棄對「神之子」的偏見。他經過了一村又一村，一家家去拜訪，跟他們講道理。一路上，他的英國乾女兒米拉班一直陪伴，並照料甘地和夫人的起居飲食。

甘地雖然一心一意的投入，為博愛與和平做種種努力，卻依然有不少人仇視他。有一天他們正要去浦奈參加一個歡迎會，在路上突然遇到炸彈的襲擊，好在沒擊中他們。事後甘地並沒有因此而害怕或擔憂，他反而說:「如果我被炸死，作了殉道者的話，恐怕反而會對我想要做的事更有幫助呢。」

甘地擔心他自己在國會裡的勢力過分膨脹，於是在 1934 年時退出國民會議。他想從此全力促

進政治之外其他的工作，譬如伊斯蘭教徒與印度教徒之間的族群和諧，以及改進賤民的地位和生活等。儘管他從國民會議派退出了，但依然和他們保持密切聯繫。他對國民會議派還是保有很大的影響力。

8 邁向印度獨立

　　正當甘地為族群和平團結努力不懈之時，世界局勢也起了變化。德國希特勒的納粹勢力漸漸擴張，即將一步步占領全歐洲。1939年第二次世界大戰爆發，1940年法國失守，英國只得孤軍奮鬥。甘地起先一直堅持反戰的主張，他既不願意讓印度人受英國利用，去參與戰爭，也不願趁人之危，於此時來鬧印度獨立。

　　在第二次世界大戰初期，甘地的想法很令尼赫魯等人操心。因為甘地認為這次戰爭是納粹德國的軍國主義與英國的民主主義對立的戰爭。

　　他說：「英國雖然是印度人民的壓迫者，但是站在民主主義的立場上，我們仍然應該幫助英國爭取勝利。至少在此時不要增加

英國的困擾。」

　　1941 年他還寫了封公開信給希特勒，勸他為了人道的立場，快快懸崖勒馬，停止這場戰爭。他還曾勸說猶太人，叫他們用「撒地亞哥拉哈」來對付壓迫者。從這些舉動，我們可以看出甘地的想法有多麼天真了。甘地哪裡能夠想像得到納粹的兇殘冷血呢？如果世界上的強權霸主都有像甘地這樣的仁者胸襟的話，世界還會變成這個樣子嗎？

　　同時，英國對甘地的善意並不領情，反而強制印度人組織義勇軍去參戰，並迫令州議會休會。

　　1941 年太平洋戰爭爆發，日本一步步入侵亞洲，占領了泰國、馬來西亞、香港、新加坡、爪哇、緬甸等地。在日本發動了太平洋戰爭之後，印度的處境也很危險。這時甘地的態度也有了

轉變。他覺得所有的印度人必須聯合對抗軍國主義，才能自保。

但是，他同時覺得，印度在英國的控制壓迫下，無法發揮本身的力量。他對英國政府的誠意徹底絕望了。他已看穿英國人的私心，知道他們不願見到印度獨立強大。

1942年，一向反對印度獨立的邱吉爾首相特別派專員到新德里和印度的領導人商討參戰之事。英國要求印度出兵參加對日作戰，答應等戰爭結束之後印度可以選擇脫離英國而變成自治國。不過，在這提案上英方又加了一項：印度全國是由幾百個小國組成的，這些小國中任何一小國都有權單獨脫離大英帝國。

這其中有許多是伊斯蘭教徒占多數的小國，這項條款一旦成立，將來印度極可能會分裂成許多小國家。

甘地看了英方提出的議案，非常憤怒。他對特使說：「如果這就是你們所提議案的全部內容的話，請你坐下班飛機回貴國去吧。」

甘地看穿了英國人的陰謀。他們不要印度真的獨立，他們希望印度分裂，不要團結在一起，一個個獨立的小國將永遠需要依賴英國的扶持。這樣，英國才能長久的保持他們在印度的勢力和權益。

1942 年 8 月在國民會議派委員會中，甘地發表演說道：「我鄭重宣布，英國人離開印度的時刻到了。所有的英國官員和英國人必須立即離開我們的國土。」

這時甘地的態度越來越強硬激烈。他說：「我們要印度獨立，寧死也要爭取。」於是，甘地和會議裡其他的主腦人物又被捕了。這次的監獄是一個富裕的伊斯蘭

教徒住過的宮殿，在浦奈這個地方。甘地獲有在院中散步的自由，不過四周仍圍有鐵網，獄中也看不到報紙。

六天之後，甘地的隨身祕書德賽因心臟病猝死。德賽跟隨甘地二十四年，兩人情同父子。失去了他，甘地如同失去了一隻手臂。同時，甘地夫人卡絲特巴也傷慟得病倒了。後來又因各種併發症，染上了肺炎及氣管炎，儘管甘地在旁殷勤服侍，為她煎煮各種草藥，1944年2月，她還是與世長辭了。

她臨終時甘地正在院子裡散步，甘地聽到她叫他"Bapu"（爺爺）──這是長久以來大家對他的稱呼。他趕緊跑回房去，她說：「我現在要走了，你們大家都別哭，我已經回歸平靜。」

甘地和卡絲特巴共同生活了六十二年，他們生了四個兒子，

卡絲特巴一生對甘地忠心耿耿，又是他的革命夥伴，無數次進出監獄他們都朝夕相伴，如今突然離去，留下了甘地，他的悲慟可想而知。「我無法想像沒有了她的生活。」他哀痛的說。

甘地變得極端的沮喪，幾星期後又染上霍亂，久久不癒，英方知道甘地在印度人心目中的地位，怕他萬一死在獄中，他們擔當不起這個害死印度聖人及英雄的罪名。於是在同年（1944年）5月釋放了他。到這時為止，甘地已經為印度獨立的目標奮鬥了一輩子，此時他已是七十五歲高齡的老人了＊。

放大鏡

＊國父孫中山先生致力於國民革命，推翻專制的滿清政府，建立了民國，起義不下十次，終於獲得勝利，前後至少經過四十年之久。在此我們也看到，甘地為使印度擺脫英國統治成為獨立自治國家的歷程也極其艱苦。

印度獨立與
族群分裂

　　1945 年 5 月 4 日德國向盟軍投降。同年 8 月 15 日日本也無條件投降，第二次世界大戰宣告結束。

　　戰後英國的勞工黨得勢，取代了以邱吉爾為中心的勢力。勞工黨站在勞工立場看世事，對印度人相當同情，對甘地也十分欣賞，前些年甘地領導的棉布運動，雖然使許多英國國內工人失業了，但他們對甘地還是很支持。看來印度獨立已是早晚的事了。

　　可是，天下的事情從來就是複雜多變的，印度獨立這件事也不例外，尤其因為印度的歷史悠久，積習深厚，加上階級制度造成人與人的隔閡，以及宗教的分歧等等問題，使得族群之間合作

共存成為一件極其困難的事。

印度教徒和伊斯蘭教徒之間，長久以來都是針鋒相對的，雖然在種族上他們是同一個民族，卻只因為信仰不同，習俗不同而鬧得彼此水火不容。

譬如說吧，在印度教裡，牛是神聖的，一隻牛可以在街道上大搖大擺走過，沒有人可以去驅趕牠，殺牛是絕對犯禁之事。在印度，牛多得氾濫成災，大街小巷隨處會出現沒人管的牛，造成很奇特的景觀。牛往往會把農人種的食糧吃掉，害得許多窮人沒飯吃。而找不到東西吃的牛又餓得瘦骨嶙峋。在外國人看來，這些都是很怪誕的現象。

伊斯蘭教徒對這一點很不以為然，他們不吃豬肉，卻個個都吃牛肉，視殺牛為再正常不過的事，更何況糧食極為短缺，這點當然讓印度教徒受不了。

　　再者伊斯蘭教徒覺得印度教的節日慶典特別誇張繁瑣，每逢節慶，印度教徒抬出一個個奇奇怪怪五花八門的神祇塑像，到處香煙繚繞，鑼鼓喧天。這些風俗正好和伊斯蘭教習俗相反，伊斯蘭教清真寺的氣氛肅穆，陳設往往簡淨清朗，伊斯蘭教徒也不拜偶像，所以看不慣印度教徒的繁文縟節。並且他們覺得印度教徒在慶典時演奏的音樂尤其刺耳得教人厭煩。

　　印度教徒吃素；伊斯蘭教徒葷素都吃。印度教是多神教，崇拜偶像；伊斯蘭教是一神教，反對偶像崇拜。當伊斯蘭教徒見到印度教徒什麼都拜時（包括牛、象、猴、蛇等等，都是印度教徒祭拜的對象），伊斯蘭教徒覺得很不順眼。總之，兩派彼此看不慣對方。

　　然而最大的衝突點，主要還

是在印度社會的階級制度。階級觀念是印度教教義裡很基本的一部分。前面說過印度社會上除了僧侶、軍政人員、地主商賈、當工匠的奴隸四個階級之外，還有所謂的賤民，後者不屬於任何階級，他們沒有任何身分地位，活得和畜生一般。

在蒙兀兒王國統治印度半島期間，有一部分印度教徒，或被迫或自願皈依了伊斯蘭教。其中大部分人屬於賤民階級或其他階級的窮人。伊斯蘭教宣揚兄弟情誼，讓他們有機會從階級制度加諸他們的桎梏與苦難中解脫出來。

為了化解族群間的對立，謀求印度統一獨立，伊斯蘭教徒的領袖基納和甘地會晤了好幾次。甘地希望能建立印度教和伊斯蘭教聯盟的體制，但遭到基納的反對。

　　基納和甘地的背景其實有不少相似之處：他們兩人都是受英國教育的，又都是律師出身。不過基納是富人家出身，尊貴而高傲。他擔心一旦印度獨立，印度教徒龐大的勢力將使占少數的伊斯蘭教族群受到壓迫或排擠，所以他堅決拒絕了甘地一個印度的主張。他希望將來印度獨立，分成兩個國家：一個伊斯蘭教的巴基斯坦，一個印度教的印度。

　　甘地要以民族主義的立場鼓吹統一；基納卻要用宗教的力量製造分裂。

　　這時候，獨立尚未成功，而印度卻已開始流血。人心浮動，社會紊亂，危機四伏。8月裡，卡爾卡達連續三天動亂不斷，在東部諾哈利一帶也發生一連串縱火謀殺事件。在比哈也有許多伊斯蘭教徒被殺。到 1947 年初，由於這些糾紛而死亡的人數，已高

達一萬二千人。

甘地和他的徒弟嘉法康（一個伊斯蘭教徒）一同出動，到各地進行遊說，勸導民眾應當化解族群之間的偏見，互相寬容等等。但是無論怎麼勸，總還有很多人不領情。有些極端分子甚至想加害他們。

1947 年 3 月英國政府派了他們最後一位總督到印度來。他和一個個領袖人物談了又談，最後擬定以 1947 年 8 月 15 日為印度正式獨立的日子。

印度獨立的日子逐漸接近，但伊斯蘭教徒與印度教徒之間的分歧偏見，卻仍得不到解決。臨時政府的總理尼赫魯先生傷感的對甘地說:「甘地爺爺，要硬把印度分成兩個國家，實在是可悲的事。但是為了避免再流血，恐怕只好照基納所說的去做了。看來別無選擇的餘地。」在不得已的情

況之下，甘地也只好黯然神傷的同意了。

1947 年 8 月 15 日印度終於脫離了英國的長期統治，成立了印度共和國，同時伊斯蘭教徒也在巴基斯坦建立了獨立的國家。

在 1947 年 8 月 15 日獨立日的當天，加爾各答街頭的民眾在歡慶時，一路向甘地歡呼「甘地爺爺萬歲」，不斷的向他拋投玫瑰鮮花，但是甘地一點高興的神情也沒有，他的心在流淚，因為印度雖然終於獨立了，但同時也是它分裂的時刻。從此印度便分成兩個國家，但也種下了印、巴兩國之間紛爭不斷的禍根。

10 光，在我們眼前消失了

　　很多人以為伊斯蘭教徒一旦有了屬於他們自己的國家，暴力衝突的事件應當平息才是，誰知這個想法完全錯誤，印度教徒和伊斯蘭教徒之間的衝突這時候有增無減，已到了一發不可收拾的地步。伊斯蘭教徒憎恨甘地，因為他是印度教徒，而印度教徒裡有一小部分最保守的極端分子也對甘地懷恨，覺得他不該承認巴基斯坦國獨立，覺得甘地太遷就伊斯蘭教徒了。

　　印度各地一片混亂，暴力事件頻頻發生，大型的仇恨流血事件與日俱增，甘地一輩子所致力發揚的非暴力運動和撒地亞哥拉哈運動變得完全失去了意義，甘地眼見他一生心血所培養出來的正義誠信的風氣全部付諸東流，

不禁無限傷感頹喪，但是七十八歲高齡的甘地還要奮起作最後的努力，他和一位伊斯蘭教領袖合作，經常在群眾集會的場合一同出現。他到處為人們祈禱，懇請他們抑制自己，不要訴諸暴力。

幾乎無休止的暴力浪潮，一波又一波的席捲了印度大地，情況最嚴重的是在印度的西北邊的浦瓦伯省，該地被分割為二：一半是巴基斯坦伊斯蘭教區；一半是屬於印度教的區域，兩邊難民多達一百五十萬人。在遷移的過程中互相殘殺，傷亡人數竟高達約五十萬人。在德里也不例外，情況比在加爾各答還要嚴重，此外還有傳言，印巴將要宣戰，大戰一觸即發。

甘地在極度絕望、無計可施之下，於 1948 年 1 月 13 日又宣布他要絕食，至死無悔。絕食進行了五天之後，外面的械鬥聲逐漸

平息了。*伊斯蘭教與印度教團體裡的一百三十七名代表共同簽署了一份停火合約，呈給了甘地。畢竟甘地爺爺在大多數民眾心目中仍然占有相當的分量。他們始終沒有忘記，半個世紀以來，他是如何帶領他們一路走過來的。

這一陣子以來，由於外面太危險，甘地的行政主管培得先生特別安排他住在德里一個支持甘地的首富布易拉的大廈裡。在大廈裡，每個黃昏他們都在庭院裡舉行晚禱會，在甘地結束了絕食

放大鏡

*當甘地在絕食瀕臨死亡邊緣之時，許多印度教徒在他的屋子外面懺悔哭泣，後悔自己因一時失去理智而殺了人，其中有一個男子跪在甘地床前痛哭失聲，很想自戕贖罪。他說他用殘酷的方法殺死了一個伊斯蘭教徒的嬰兒，為的是替自己的兒子報仇。現在他痛悔了，他覺得那個嬰孩是無辜的，他怎能下這樣的毒手！悔恨莫及，很想一死了之。甘地聽了，很溫和沉靜的對他說：「你不如去領養一個伊斯蘭教徒人家的孤兒，好好的把他養大，來作為對死去孩子的彌補和贖罪吧。」那個印度教徒聽了，感激的流下淚來，便照甘地的話去做了。

後的第三天，身體還十分孱弱，必須由人用椅子抬著他到庭院的石階上主持晚禱。他誦詩時聲音虛弱，他的隨從醫生娜雅大夫俯身聽他說什麼，然後再覆述給大眾聽，這種晚禱會通常有五六百人參加。突然間一個定時炸彈爆炸了，好在沒有人受傷，甘地很鎮定，叫大家不要怕，他繼續做完平日的儀式才散會。

甘地曾多次出生入死，也經歷過兩起爆炸事件，對於生死之事，早已置之度外了，所以他拒絕警衛、保鏢整天跟著他。

晚禱爆炸事件發生十天以後（1948年1月30日），要謀害他的極右派印度教徒終於得逞了。那天黃昏，甘地正由他的養女阿曼和姪女阿芭扶著步向院子的講臺。五百多名群眾紛紛退向兩旁讓甘地過去。一個身材粗壯的僧侶階級人士向他靠近，對著甘地

彎腰鞠躬，然後迅速的拔出一支黑色的手槍，對著甘地胸口連發了三槍。甘地口裡叫道：「喔，上帝！」便倒地死了＊。

傷心欲絕的尼赫魯總理含著淚，盡力壓制著咽泣的聲音，在電臺上對全印度人民這樣說道：

「光，在我們眼前消失了。現在剩下的是一片黑暗……我們敬愛的領袖……我們的甘地爺爺，我們國家的父親，再也不回來了。」

尼赫魯沙啞的嗓音顫抖著，接著又說：「光，熄滅了，我剛才說的。但是我說錯了……這道照亮了我們國家這麼多年的光，將

放大鏡 ＊刺殺甘地的兇手當場就被抓到了。這個人名叫納舒侖・高策。他是一個極端激進派的印度教徒。其他八名同謀者也在幾天之內被捕。審判案在法庭上持續長達九個月，兇手始終不認罪。他認為甘地過於支持伊斯蘭教徒，是對印度教的背叛，並且他指控甘地為國家分裂的禍首。最後高策和另一名同謀被判死刑。雖然甘地的兒子和徒弟們根據甘地一生教人寬恕敵人的原則，要求法庭從寬處理，結果法庭依然判處二人絞刑，並於 1949 年 11 月正法。

來還會繼續照亮祖國，即使一千年後，我們還會看見這道光的，世界上其他的人也會看見。」

尼赫魯總理和甘地共同為印度奮鬥了幾十年。雖然他們年齡相差很大，意見也有分歧，尼赫魯較為西化，思想比較激進，主張早日讓印度現代化、工業化；甘地的思想較為保守，比較著重以農為本的作法，而且常常以道德為考量的第一標準，有時很令尼赫魯著急不安。但是尼赫魯對甘地的尊敬愛戴是無庸置疑的，他們的關係有如父子。

尼赫魯他們一批人一直都依靠甘地作他們的舵手。尼赫魯很明白印度人全靠甘地的號召，才動員得起來，所以對甘地的意見一向言聽計從。甘地死了，對他來說，不但是失去了一個親密的戰友，也像一座靠山倒塌了一般。

　　甘地一生宣揚非暴力運動，並且待人仁慈溫和，最後他自己卻死於暴力之手，為他信仰的真理作了殉道者，實在令人痛心。

　　其實，歷來崇高偉大的聖人，最終的命運不常常都是殉道嗎？甘地的命運似乎和耶穌很相似：二人都有為人類的血腥罪行贖罪的意向；二人都一再教育人們要用愛和寬恕來感化敵人。最後卻都死於心胸狹隘的極端分子之手：耶穌被他的使徒猶大出賣；甘地被與他有相同信仰的印度教徒殺害。這是多麼大的不幸與諷刺啊！

　　甘地死於印度教徒之手，看來雖然不幸，而且也是很大的諷刺，但是也幸虧殺他的兇手不是伊斯蘭教徒，否則必然會引發一場二教之間更大的撕裂殘殺，而印度也一定會陷入內亂，造成更慘重的傷亡。

　　堅持要將印度分為印度及巴基斯坦兩國的伊斯蘭教首領基納，在甘地死後同一年的 9 月 11 日死於肺病。如果他早死一年的話，印度或許有可能不至於分成兩個國家。我們回顧歷史時，發現有時一兩個人的作為，居然常常會改變了歷史的大局，影響到千千萬萬人的命運存亡。想想看，怎能不令人悚然心驚啊！

11 撒地亞哥拉哈 對後世的影響

一代巨人已去世半個多世紀了。部分印度人到現在還是很貧窮，人口已高達十三億，貧富不均的問題依舊嚴重。巴基斯坦和印度分裂之後，兩國仍然彼此仇恨，紛爭不斷。有時劍拔弩張，隨時有爆發戰爭的可能。

這種種現況難免會讓人心裡產生這樣的疑問：甘地的一切所作所為，對當今這個時代而言，究竟有無價值呢？他提倡的博愛平等及謙讓的思想觀念，在當今的社會還行得通嗎？

甘地的孫子阿讓‧甘地是印度知名的政論家。針對這一個議題，他的回答是：「這等於我們問：愛，對於人類還有價值嗎？或者，愛，在現代還有可能行得通嗎？」

　　事實上，在印度失去了甘地之後的半個世紀以來，甘地思想的後繼者，也大有人在。他們前後曾發動過好幾個改良社會的運動，對印度社會、自然環境、經濟等方面都發生過一定程度的影響。下面所舉的這些例子便是其中的一部分。

「沙弗達亞」運動

　　甘地在世時的門徒之一維諾巴・巴孚是公推的甘地精神的首位繼承者。在印度許多人都把他當作聖人。他為人像甘地一樣寧靜平和，充滿同情憐憫之心。

　　甘地有一次曾說，巴孚對甘地思想的了解，比他自己還要深刻。甘地遇刺之後，許多信徒曾把巴孚當作接班人。巴孚覺得，既然印度如今已完成獨立自治的目標，不妨開始朝發展全體公益的方向努力。

這個運動有了一個新名詞，叫「沙弗達亞」。他們向地主募到大量的土地，將之分配給身無分文的窮苦賤民。募到的土地總量高達四百萬畝。分到土地的窮苦賤民終於能夠安身立命了。

「和平示威運動」的承繼

納拉揚，外號叫 JP。他是一個傑出的政治改革型的領袖人物。他曾在美國加州大學讀過七年書，年輕時是一個熱忱的馬克思主義者，回國後參與政界。最初他對甘地的領導很不以為然，認為甘地的溫和政策延誤了印度的獨立大業。日後他閱歷多了，逐漸發現甘地的非暴力運動所產生的效果，遠遠超過其他組織的暴力行動。並且，他對俄國的共產主義也感到失望。

在印度獨立前夕，他又目睹到伊斯蘭教徒與印度教徒之間的

暴力衝突，以及甘地被刺事件，讓他終於覺悟：馬克思的階級鬥爭以及用武力奪權的革命，絕不是他要採用的方式。到此他開始相信甘地才是對的，於是獲得以下結論：好的方式才能導致好的結果。

後來他成了民主社會黨領袖，於60及70年代期間，他曾領導規模浩大的學生和平示威運動。他們完全依據甘地當年的方式，抵制當時總理*的專制作風。

在政治運動上，納拉揚成了甘地最忠誠、最能幹的繼承者。他的所作所為完全是為了廣大的人民大眾，他對做官從來不感興趣。他的支持者稱他為「人民的領袖」。1979年他去世時，來送

放大鏡

*當時的總理是英迪拉・甘地夫人，她和甘地無親戚關係，她是尼赫魯之女。

喪的民眾人數僅次於甘地的出殯行列。

「和平部隊」組織

德賽先生是甘地私人秘書的兒子。他從小在甘地主持的印度教社團裡長大。繼巴孚之後，他成為「和平部隊」組織的領導人。「和平部隊」一詞最初是由甘地提出的，但在他還沒有機會實踐之前，他就遇刺身亡了。

在印度，人們往往因宗教、語言、習俗之類的分歧而產生衝突。尤其是伊斯蘭教徒與印度教徒之間的矛盾，往往鬧得最兇。和平部隊的使命便是去進行調解，避免發生暴力。

他們採用的方法第一步是透過媒體，先把衝突的重點告示大眾，藉此先建立起自己的中立立場。第二步是與雙方團體的領袖見面商談，協助他們尋找和平解

決問題的策略，並設立和平協商委員會。第三步則是找政府官員或警方商量，建議他們使用戒嚴方法，不用開槍來驅散人群等等變通的辦法。

等到各種方法用盡，如果還是阻止不了暴動的時候，和平部隊還有不得已的最後一招——那就是拿他們自己的身體來阻擋。他們這樣毋寧是鋌而走險，帶有自我犧牲精神的作法，需要很大的勇氣才行。

他們特地穿上清一色醒目的白粗布制服和橘黃色圍巾，故意在暴動的人潮之中穿梭走動，一面大聲高呼和平口號。他們常常挨石頭；如果政府派人來鎮壓，他們少不了還會挨催淚彈和警棍。

當暴動平息之後，和平部隊的工作就轉移到協助和談上面。這個組織對世界其他地方的人也

產生了啟發作用，譬如 1961 年在中東就成立了「世界和平軍」。這個組織於 1963 年中印戰爭之後，曾發動過一次「德里／北京友誼遊行」。 1981 年又成立了「國際和平隊」，巴孚和德賽二人是創始人。

推動「和平部隊」背後最著重的是培養「無懼」的精神，這也正是甘地哲學的基本精神之一。甘地本人曾說：「無懼的精神是培養其他高貴素質所不可缺的。如果沒有無懼的情操，我們怎麼可能去尋獲真理與愛呢？」德賽說：「懼怕和勇氣二者都有感染性，所以我們和平部隊常常故意置身於險境，為的是讓人知道沒什麼好怕的。」

抱樹運動

甘地曾說過：「大地的產物足夠供應人類生活所需；但不夠滿

足人的貪婪。」

近年來歐美富強和日本等國的大企業財團，在第三世界國家大肆砍伐森林，結果造成重大的生態危機，諸如土地流失，氣象轉變，甚至旱災饑荒接連發生。

這類生態的問題也發生在印度國內，於是便有了「抱樹運動」。這個運動是由一位甘地的信徒發起的。他的名字叫祥堤·巴特。

在喜馬拉雅山山麓中印邊界的地區，他率領了一批當地的農民去與政府官員及伐木商人斡旋協商。於70年代期間，他們發動過無數次示威遊行，都失敗了。在不得已的情況下，巴特對他的徒眾說:「伐木工人一旦到了森林現場，我們就一個人抱住一棵樹，他們難道會拿斧頭往我們身上砍嗎?」

果然，他們的行動暫時阻擋

了伐木的進行，最後在瑞尼一帶印度政府頒布了一項禁止伐木的法令，十年內不准在附近 672 平方公里之地伐木。這種抗爭的方式在另外一些地方也陸續獲得勝利。

以上所列出的幾種在印度國內的社會改革和抗爭運動，只不過是甘地餘風的一小部分，相信這一類的運動仍後繼有人，將甘地的精神永遠的流傳下去。

撒地亞哥拉哈運動，除了在印度本土的獨立過程中扮演了重要角色之外，在西方，它的影響也是很深遠的。

20 世紀 50 到 70 年代裡，由馬丁路德‧金恩牧師領導的黑人平權運動，採用的便是不合作運動的方式。他在阿拉巴馬州的集會上向民眾說：「仇恨只會引起仇恨；暴力只能引發更多暴力。我們必須用我們的精神力量來對付

暴力。我們的目的不是要擊敗或羞辱白人，我們要的是他們的友誼和了解。」

他受了甘地的感召，於 1959 年還特地跑到印度去，訪問了好些認識甘地的人士。

另外，南非的總統曼德拉・納爾森也是甘地思想的擁護者。他在自傳中說，甘地的「撒地亞哥拉哈」思想給了他很大的啟示。在南非，反種族歧視運動裡也一再運用不合作運動的示威方式，最後終於取得了非洲黑白種族平權的成功。

從過去半個世紀的歷史發展看來，全世界各地大大小小的和平示威運動，都在不同程度上受到甘地非暴力改革運動的影響，都多多少少沾有甘地精神的餘風。可見這個看來消極低調的運動形式，它包含的意義和影響是無可限量的。

1869 年	出生於印度的波班達王國。
1882 年	與卡絲特巴結婚。
1885 年	父親過世。
1888 年	留學英國。
1893 年	到南非工作，看到印度移民在南非所受的不平等待遇，喚醒他的民族意識。
1896 年	回到印度，將南非所見所聞寫成了「綠色小冊」，引起很大的迴響。年底，與妻子、孩子一起到南非。
1898 年	發生波瓦戰爭，鼓勵在南非的印度人幫助英國。
1901 年	返回印度後，參加印度國民會議派的年度大會。
1902 年	重返南非，領導南非的印度人爭取平等待遇。

1906 年　提出「撒地亞哥拉哈」運動，以和平的方式對抗壓迫。

1913 年　發動大規模的遊行示威活動，被捕入獄。六星期後，因輿
　　　　論壓力被釋放。

1914 年　在南非前後進行八年的不合作運動，終於獲得勝利。英方
　　　　承諾給予平等待遇。

1915 年　回到印度，到各地視察，了解民情。5 月，創辦「撒地亞
　　　　哥拉哈農場」，以期自力更生。

1919 年　推行「棉布運動」。英國政府通過「羅拉特法案」，引起
　　　　大規模的反抗行動。發生阿木里查慘案。年底，加入國民
　　　　會議總會，從此開始與尼赫魯父子一起為印度獨立而努
　　　　力。

1922 年　因反英運動爆發暴力衝突，宣布暫停「撒地亞哥拉哈」運

動。被捕入獄，判刑六年，但兩年後被釋放出獄。

1930 年　推動「一把鹽運動」，被捕入獄。

1931 年　被釋放出獄。赴英參加圓桌會議，討論印度自治的問題，

但無結果。

1932 年　再度被捕，以絕食方式抗議英方頒布對賤民不公平的選

舉法。

1933 年　因病危而獲釋。

1934 年　退出國民會議派，全力促進族群和諧，改進賤民地位。

1942 年　在國民會議派委員會中發表演說，認為只有獨立是印度

唯一的路。

1944 年　甘地夫人去世。

1947 年　8 月 15 日，印度獨立。

1948 年　前往祈禱會的途中，遭狂熱的印

度教徒槍殺。

獻給孩子們的禮物

「世紀人物100」

訴說一百位中外人物的故事

是三民書局獻給孩子們最好的禮物!

◆ 不刻意美化、神化傳主,使「世紀人物」
更易於親近。

◆ 嚴謹考證史實,傳遞最正確的資訊。

◆ 文字親切活潑,貼近孩子們的語言。

◆ 突破傳統的創作角度切入,讓孩子們認識
不一樣的「世紀人物」。

兒童文學叢書

每個孩子都是天生的詩人

您是不是常被孩子們千奇百怪的問題問得啞口無言？
是不是常因孩子們出奇不意的想法而啞然失笑？
而詩歌是最能貼近孩子們不規則的思考邏輯。

小詩人系列

 現代詩人專為孩子寫的詩

 豐富詩歌意象，激發想像力

 詩後小語，培養鑑賞能力

 釋放無限創造力，增進寫作能力

 親子共讀，促進親子互動

國家圖書館出版品預行編目資料

偉大的靈魂：甘地／陳少聰著;李詩鵬繪.－－初版四
刷.－－臺北市：三民，2019
面；　公分.－－(兒童文學叢書／世紀人物100)

ISBN 978-957-14-4552-6　(平裝)

1.甘地(Gandhi, Mahatma, 1869-1948)－傳記－通
俗作品

783.718　　　　　　　　　　　　　　　95025558

© 　偉大的靈魂：甘地

著 作 人	陳少聰
主　　編	簡　宛
繪　　者	李詩鵬
發 行 人	劉振強
著作財產權人	三民書局股份有限公司
發 行 所	三民書局股份有限公司
	地址　臺北市復興北路386號
	電話　(02)25006600
	郵撥帳號　0009998-5
門 市 部	(復北店)臺北市復興北路386號
	(重南店)臺北市重慶南路一段61號
出版日期	初版四刷　2019年6月修正
編　　號	S 781830

行政院新聞局登記證局版臺業字第○二○○號

有著作權·不准侵害

ISBN　978-957-14-4552-6　(平裝)

http://www.sanmin.com.tw　三民網路書店
※本書如有缺頁、破損或裝訂錯誤，請寄回本公司更換。